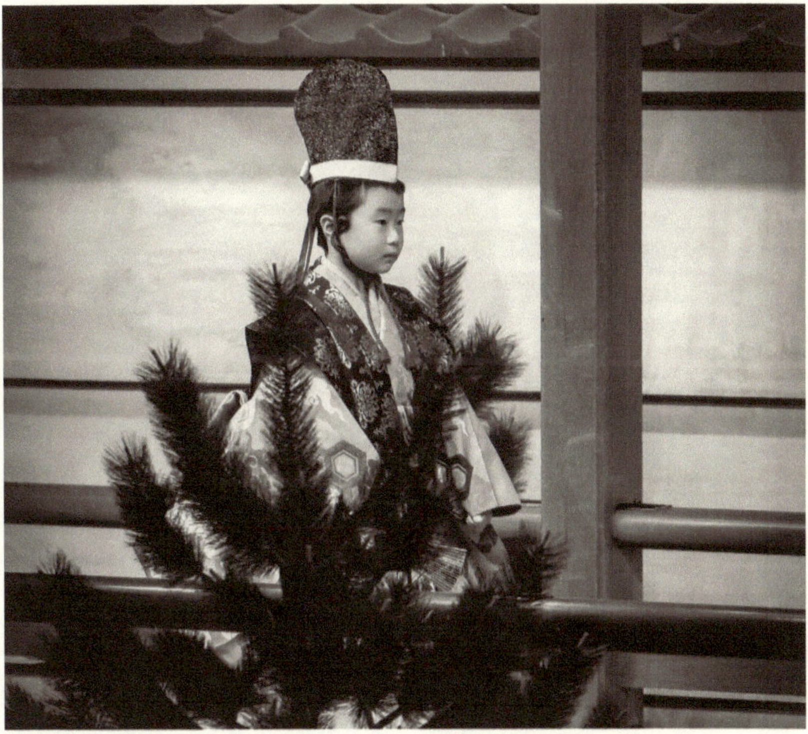

Le texte de ce livre a été entièrement imaginé,
sans interview.

Le Petit Yoshitsune

RÉPÉTITION CHEZ MON MAÎTRE

Quand
je serai
grand,
je serai
maître
de nô

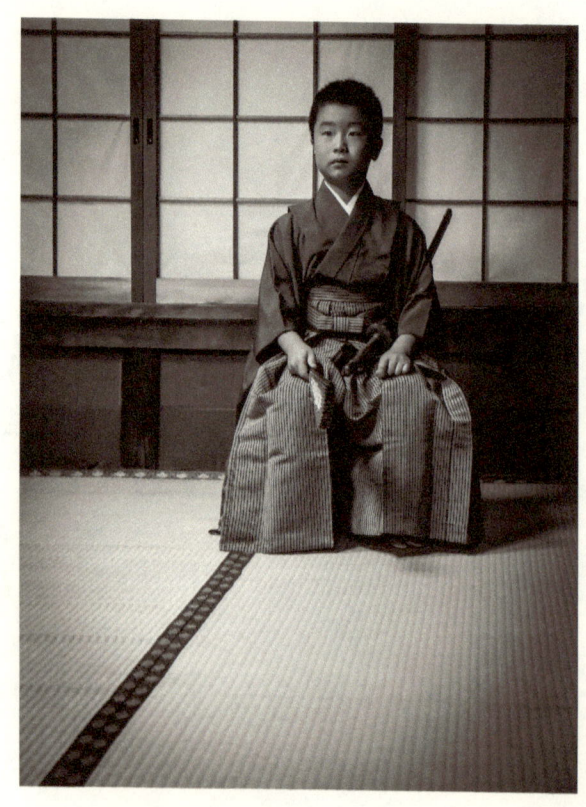

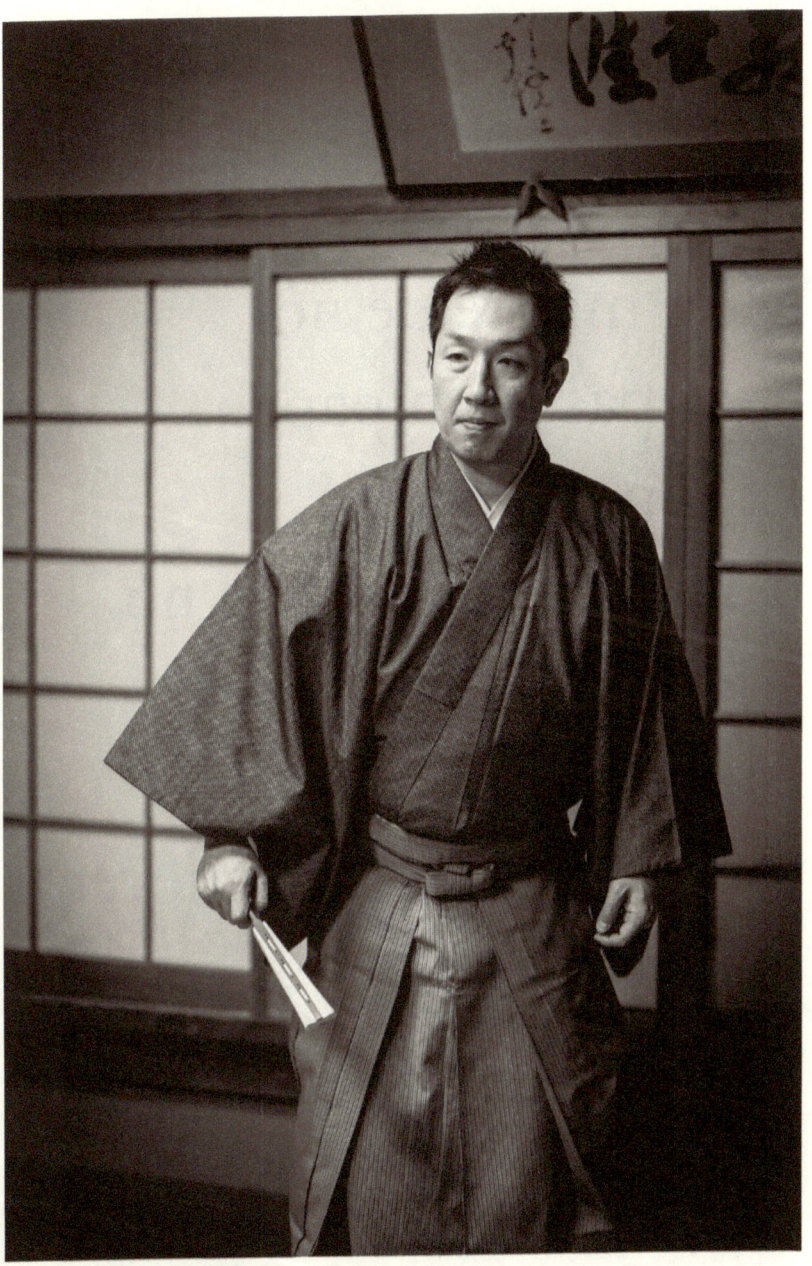

Mon maître de nô
n'est pas mon papa.
Et son papa à lui
n'était pas maître de nô.

Aujourd'hui
tout le monde peut devenir
maître de nô

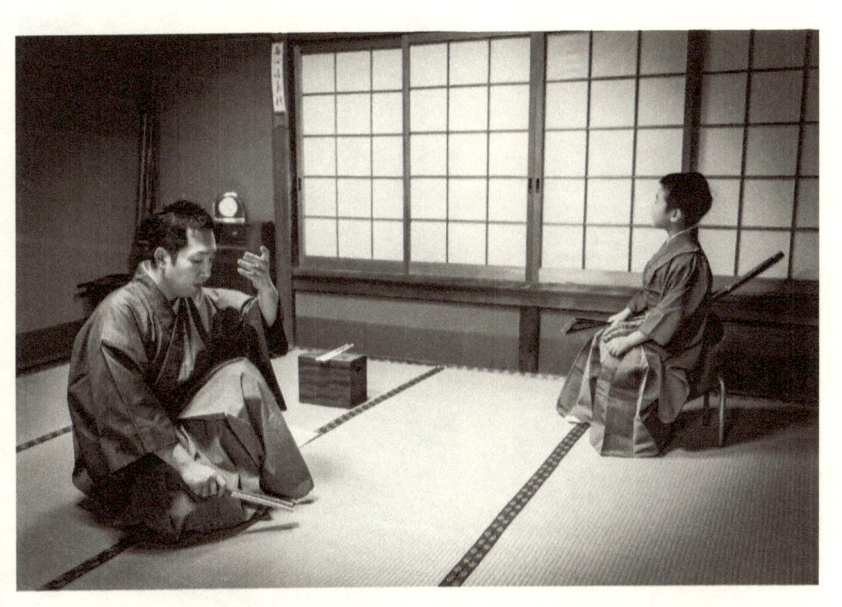

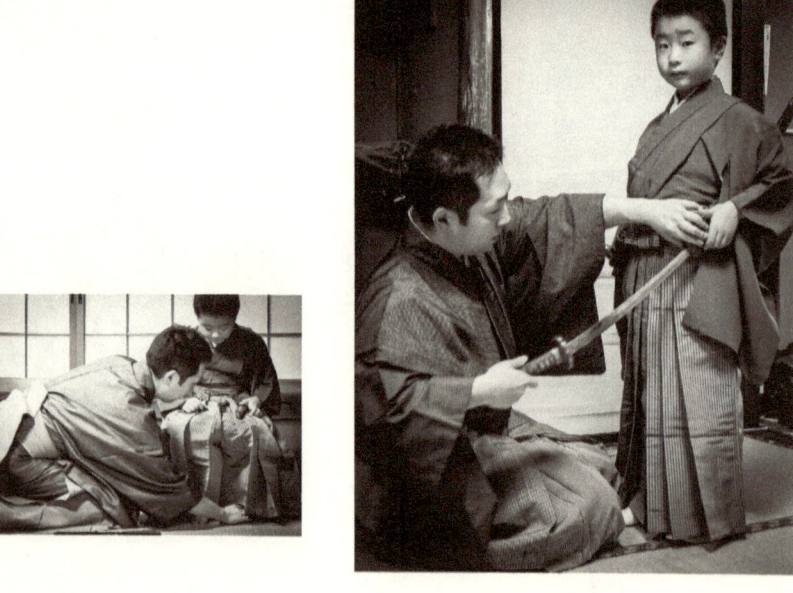

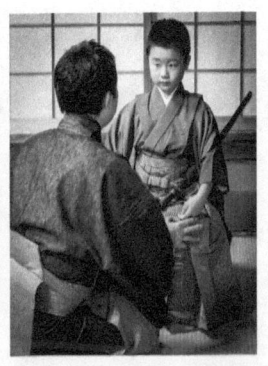

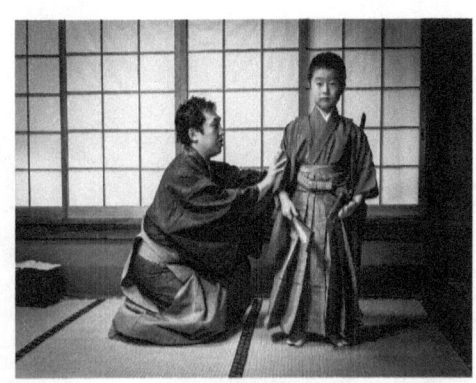

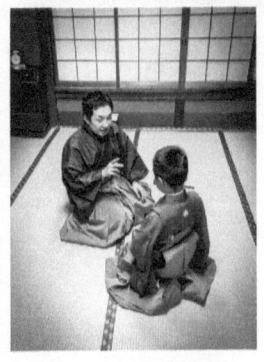

Mon maître est gentil.
Il fait attention à moi.
Il m'explique tout.
Certains maître de nô ont l'air sévère
et me font peur.
Mais pas lui.
C'est un ami d'école de ma maman.

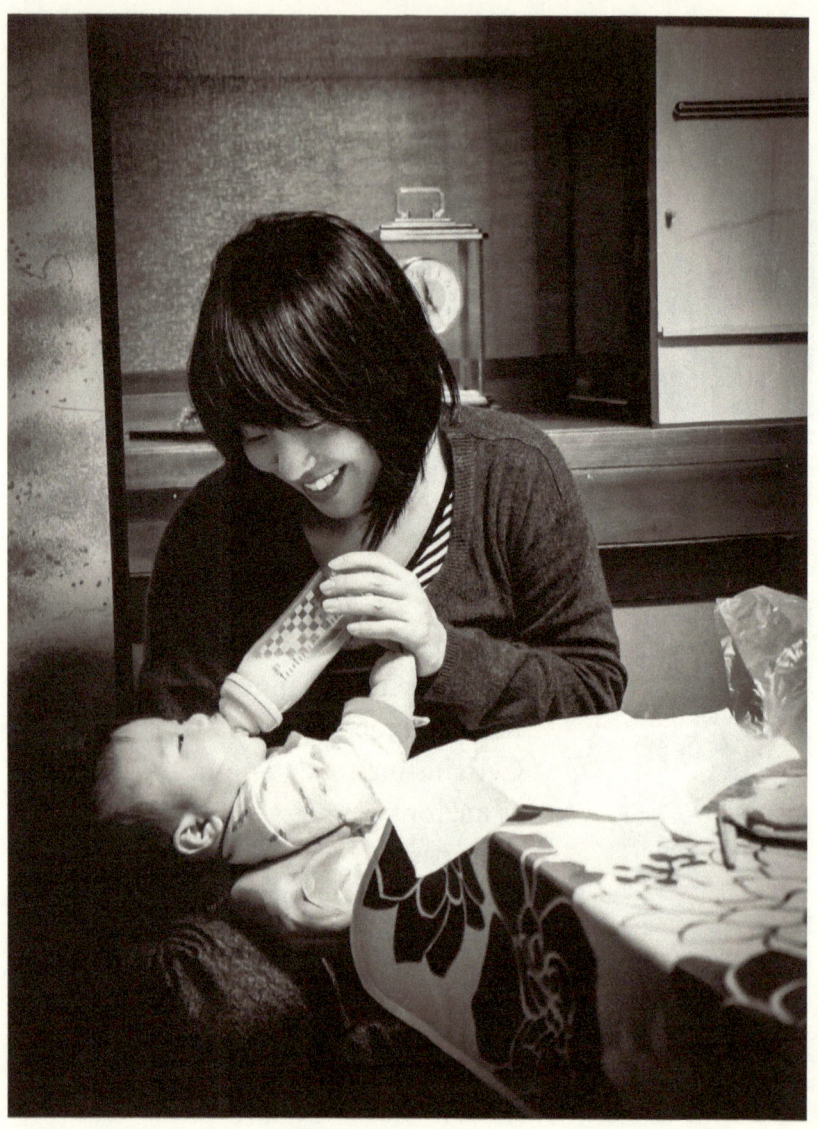

Quand maman
m'a expliqué le nô

elle m'a dit que je
serai un samourai
avec un sabre
un grand guerrier

le plus grand
samourai de tous
les temps

Alors j'ai dit oui.

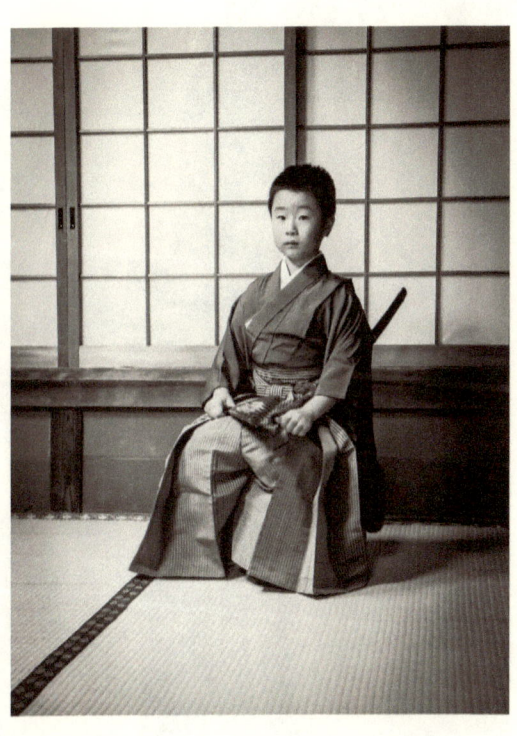

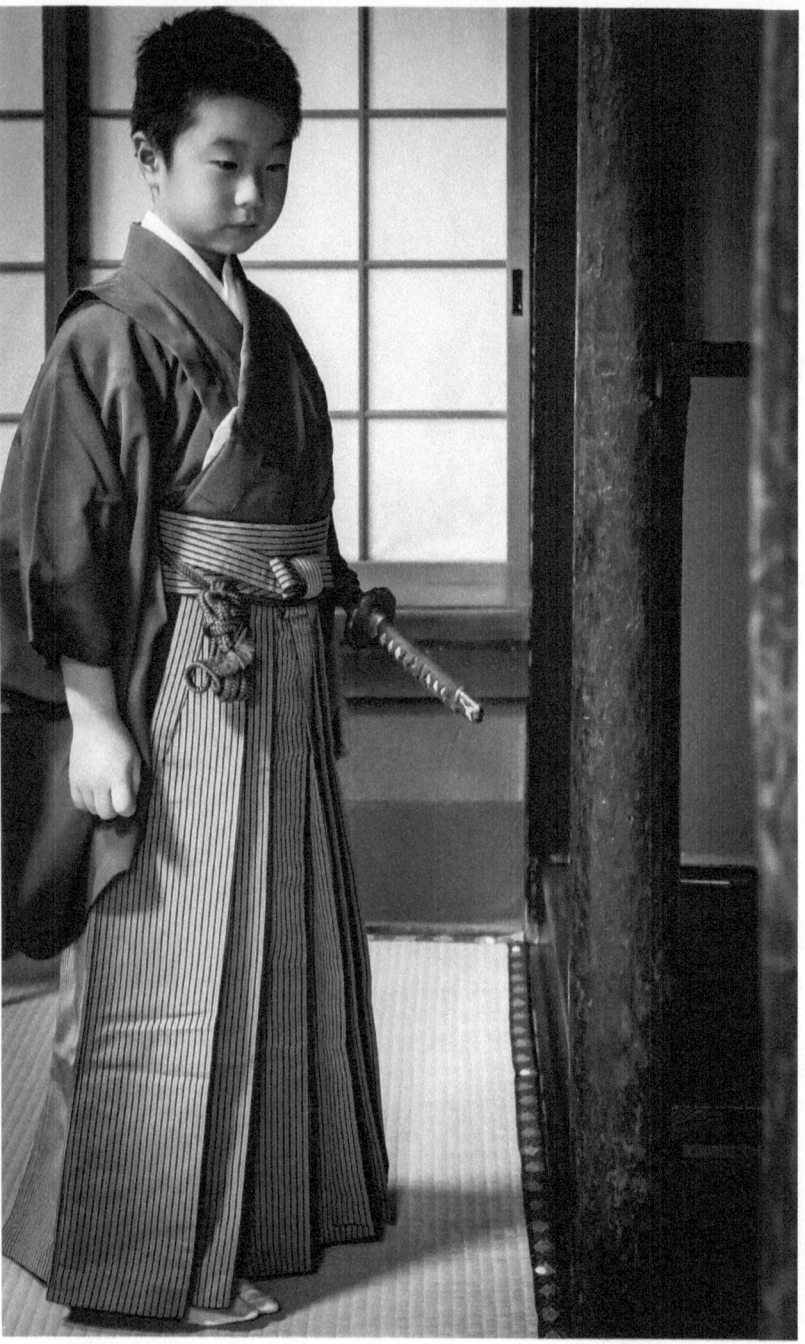

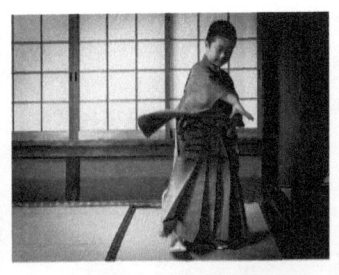

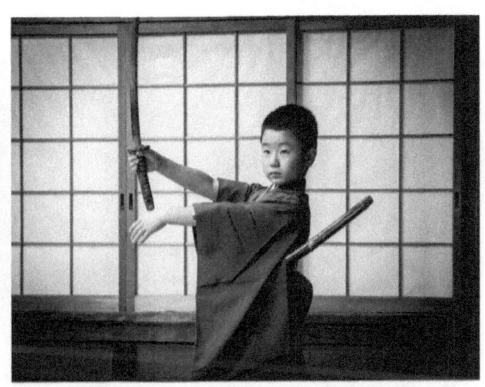

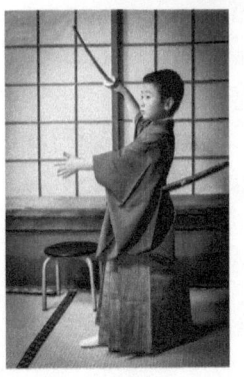

J'aime jouer
le plus fort
de tous les samourai

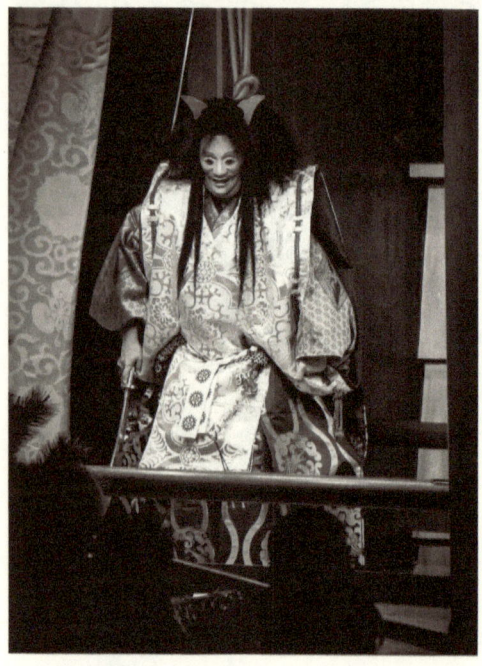

Je n'aurai pas voulu être
un démon.
Ou une fille.

Dans la pièce, mon
maître joue un méchant
fantôme ET une fille.

Ca n'a pas l'air de le
gêner.

Je trouve ça bizarre.

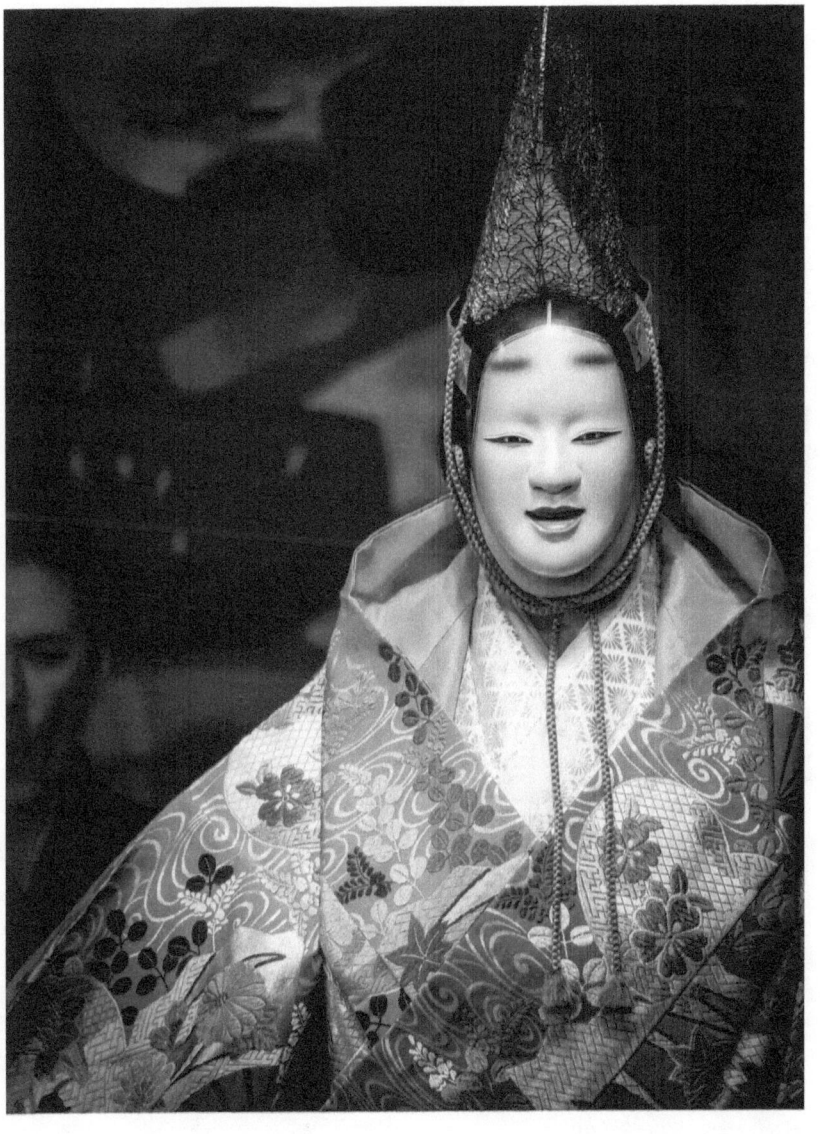

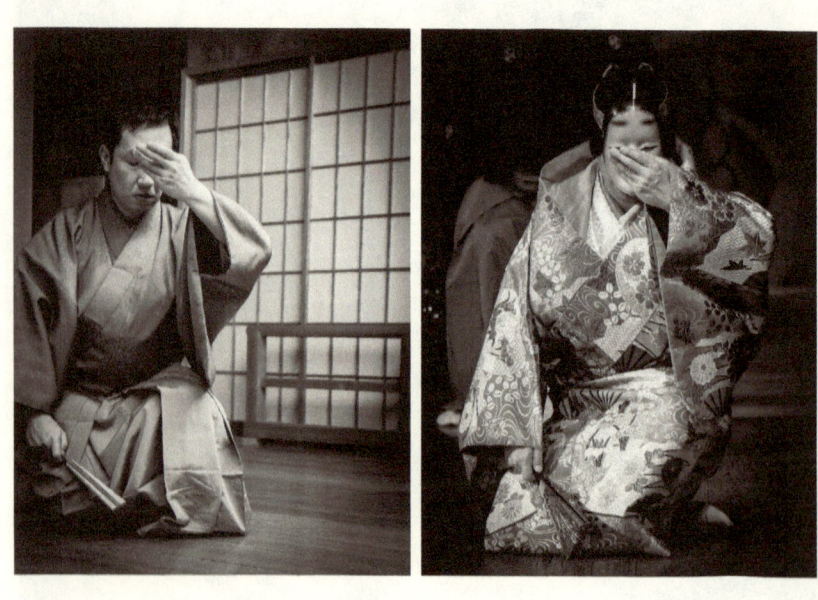

Une fille, ça peut pleurer facilement

Un garçon,
ça ne doit
pas pleurer.

Moi, là si je
pleure, c'est
parce que j'ai
vraiment mal

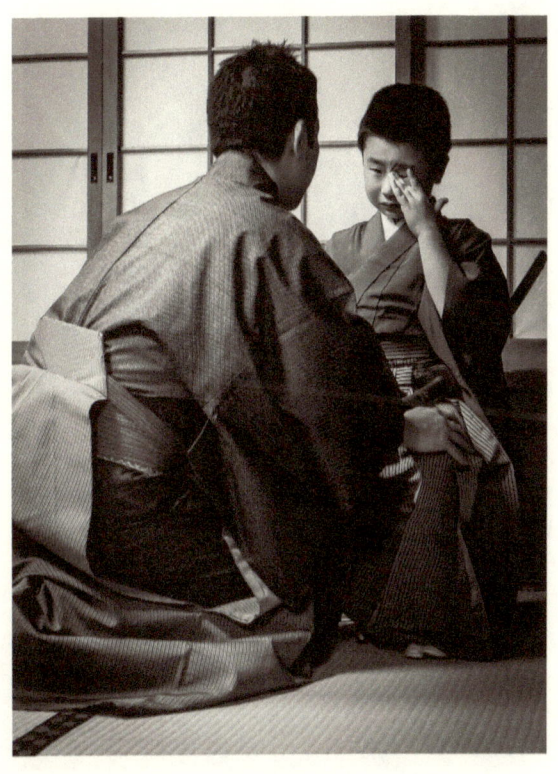

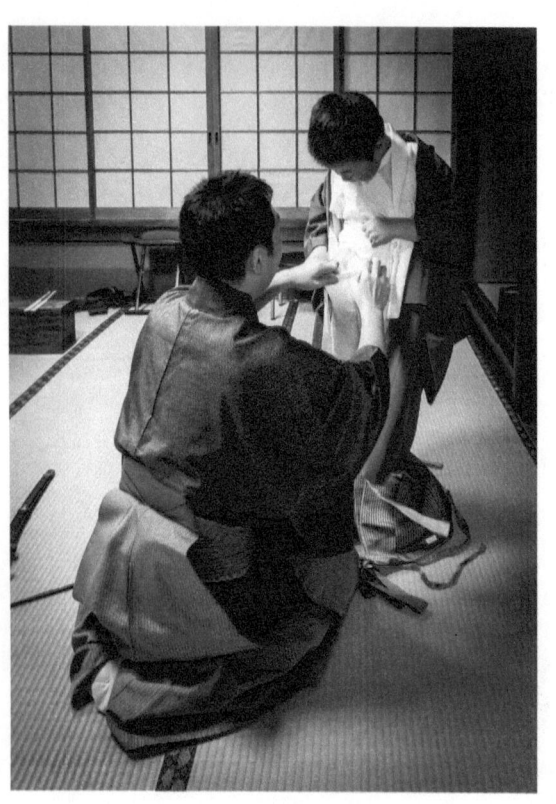
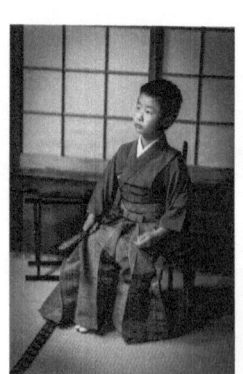

J'ai essayé de tenir le plus
longtemps sans rien dire.
Mais l'une des ficelles sous ma
ceinture était trop serrée.

Assis, je ne pouvais plus
respirer.

Je n'ai rien dit. Pour montrer
que je suis courageux. Comme
Yoshitsune.

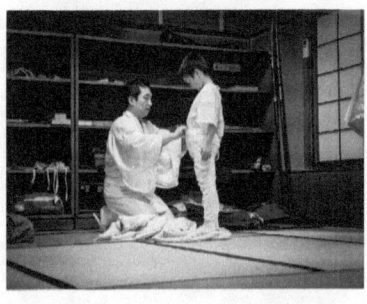

Le jour de la pièce, on a bien
fait attention pour la ficelle.

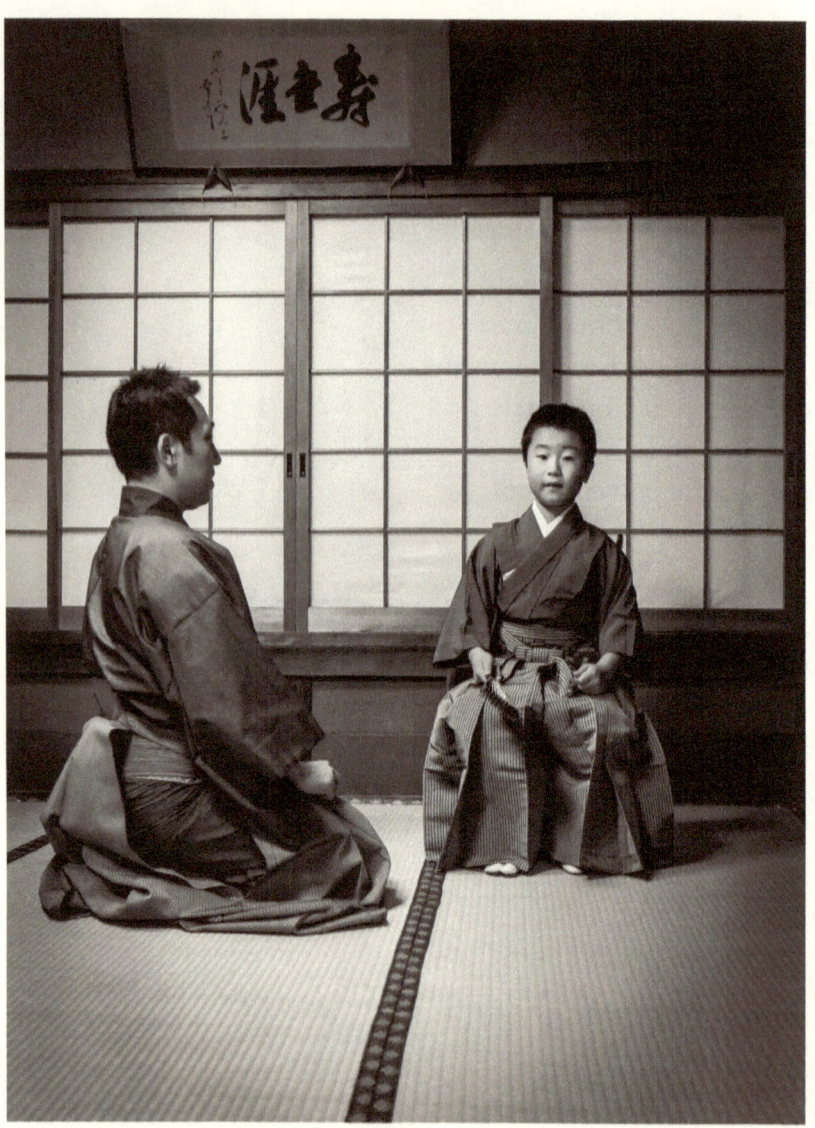

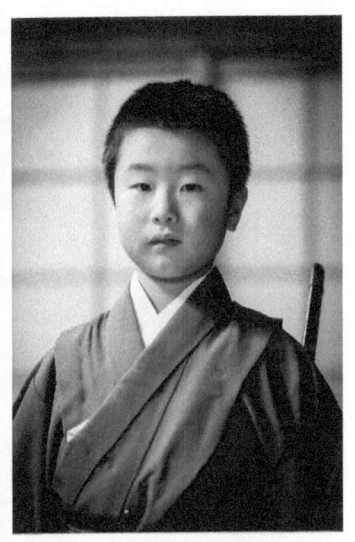 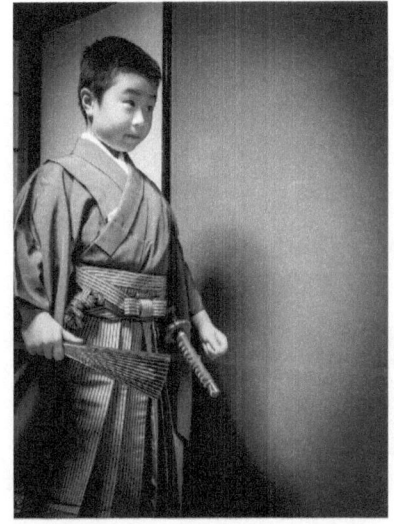

J'aime me sentir en kimono sur les tatami dans la maison du maître. C'est dommage qu'on ne vive plus comme cela. C'est plus beau. J'ai beau chercher, je ne trouve pas de bonne raison de ne plus le faire.

J'aime le nô parce que tout le monde se comporte en seigneurs.

Dans la pièce, c'est moi le Prince. Le personnage de mon maître me doit le respect.

Mais après la leçon, je le salue et le remercie avec la même politesse.

Dans le monde du nô, on se salue et se remercie en seigneurs. On se sent noble de le faire.

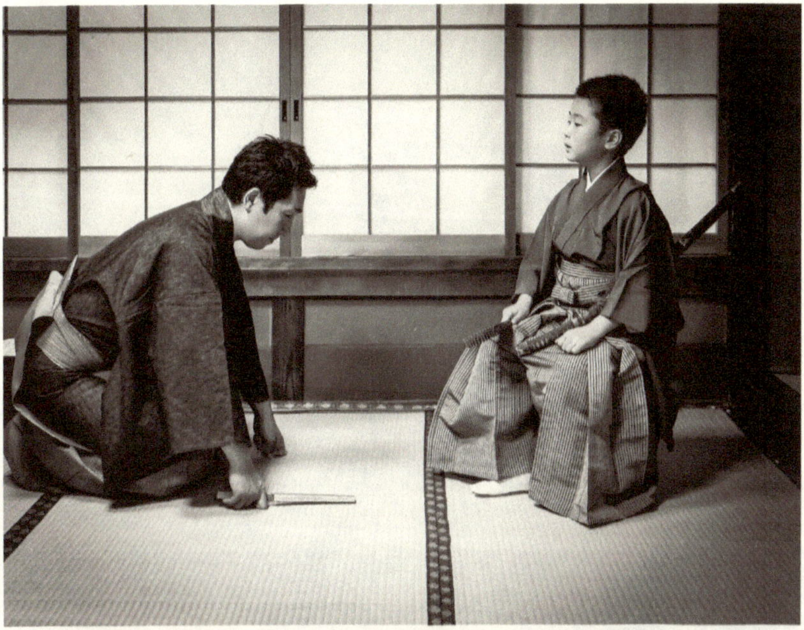

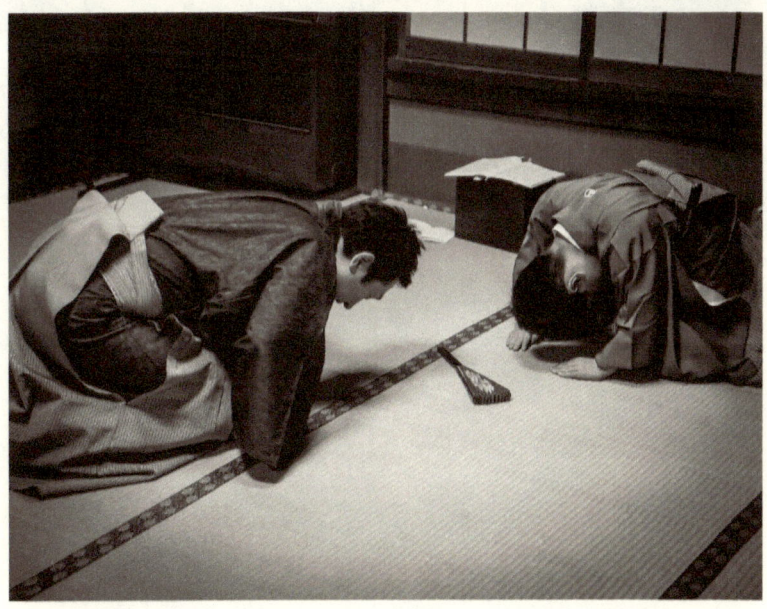

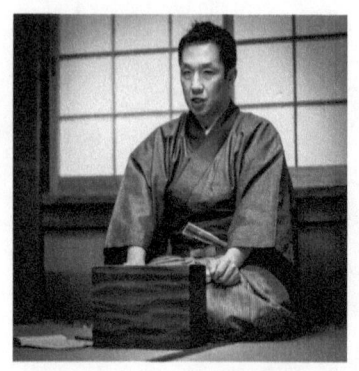

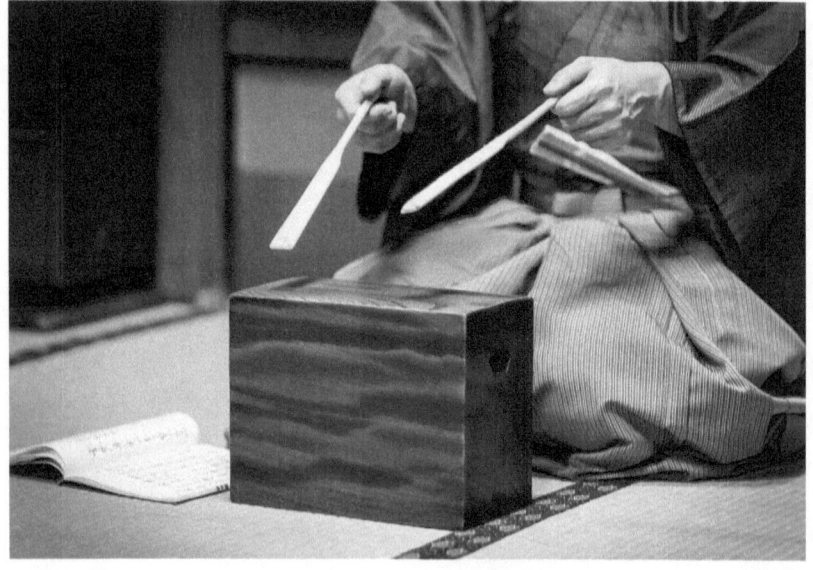

Mon maître m'impressionne.
Il sait tout faire.

Chanter avec une voix grave
et puissante.
Pousser les cris des kakegoe
qui sont à la fois rigolo, ef-
frayants et parfois tristes.
Rester assis en seiza plus d'une
heure sans bouger.
Danser en sautant très haut.
Mettre des kimonos et les
ranger en quelques secondes,
Se battre avec une épée et avec
une lance.
Il connaît toute la pièce par
coeur ! Maman m'a dit qu'il
connaît des dizaines de pièces
par coeur ! J'aimerais avoir la
même mémoire que lui pour
l'école !
Il sait aussi expliquer les his-
toires.
Et il s'entend bien avec les autres maîtres de nô.

Quand on répète chez lui,
j'aime quand il tape sur son
bloc en bois qui imite le tambour de hanche. J'ai appris
que ce tambour faisait si mal
aux doigts qu'on ne l'utilise
presque que le jour de la
pièce.
Depuis, j'entends ce tambour
différemment...

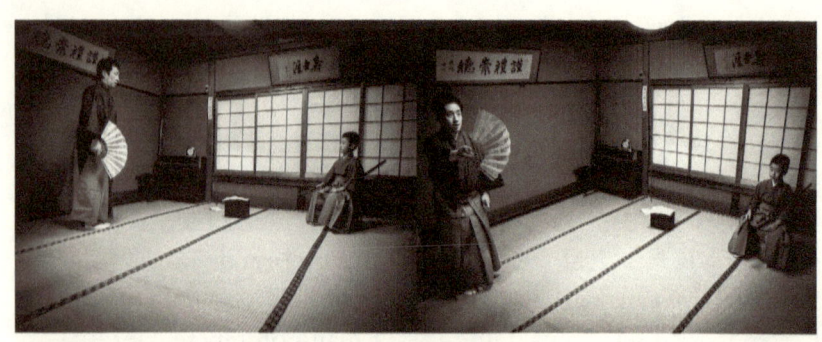

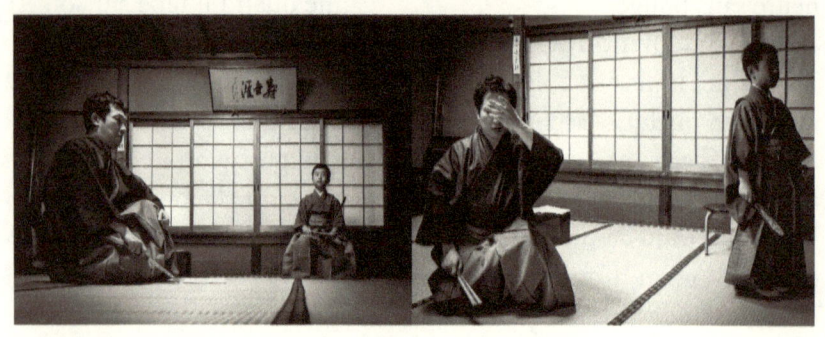

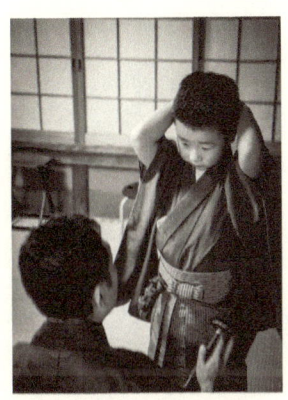

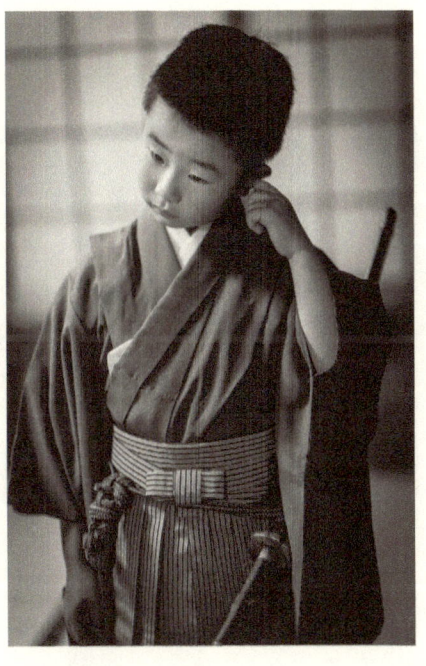

Parfois le nô c'est lent
et je m'ennuie

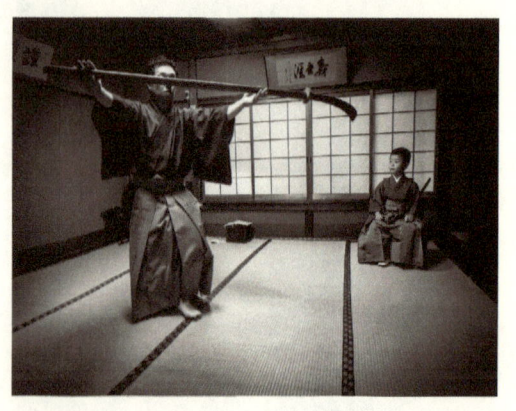

Et parfois
c'est si rapide
que je
n'ai pas le temps
de tout voir

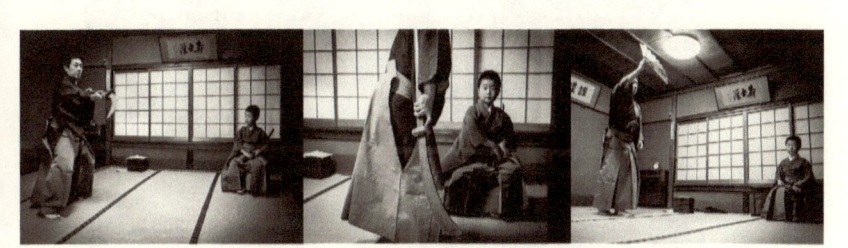

Dès que c'est fini, je me change et le maître plie le kimono comme un origami en deux minutes.

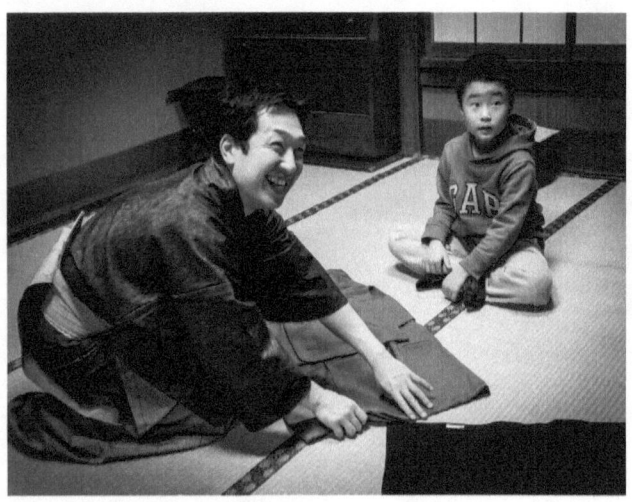

Ce devait être beau le Japon quand tout le monde portait tout le temps des kimonos, même les enfants…

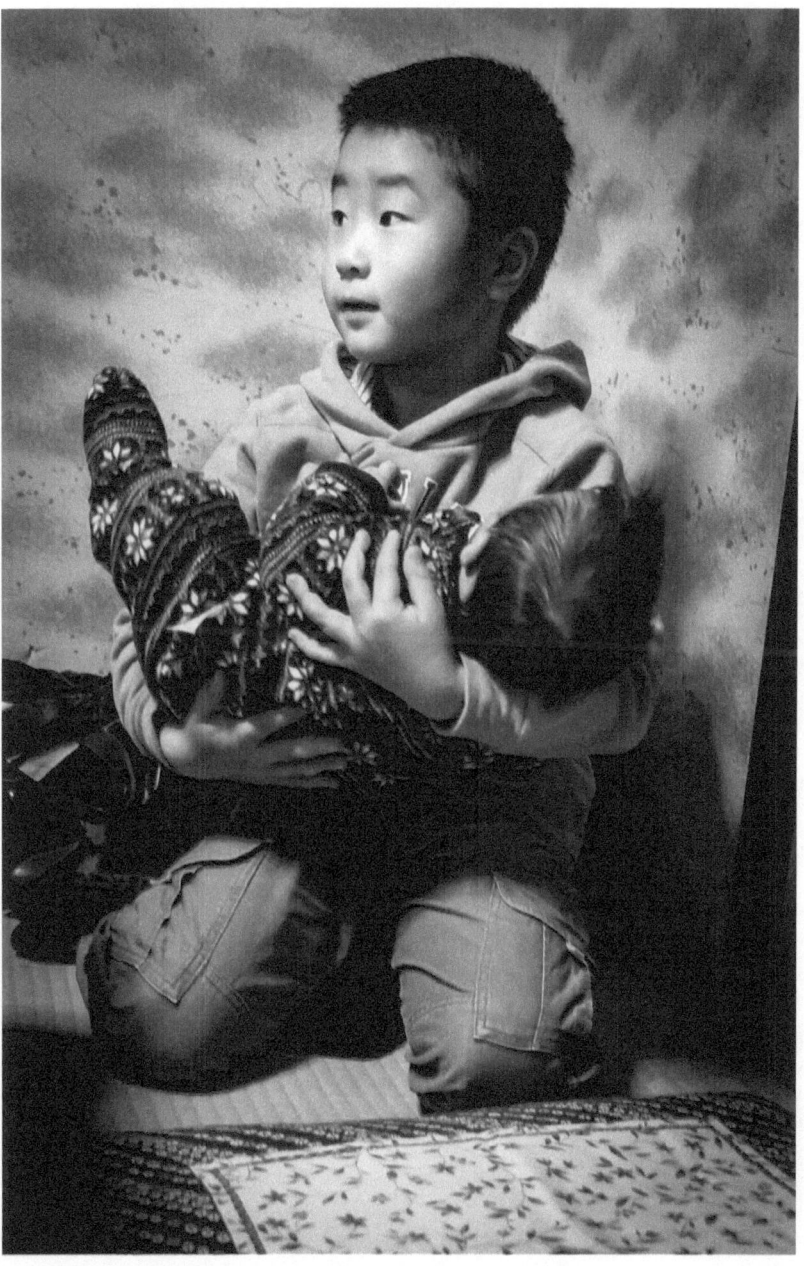

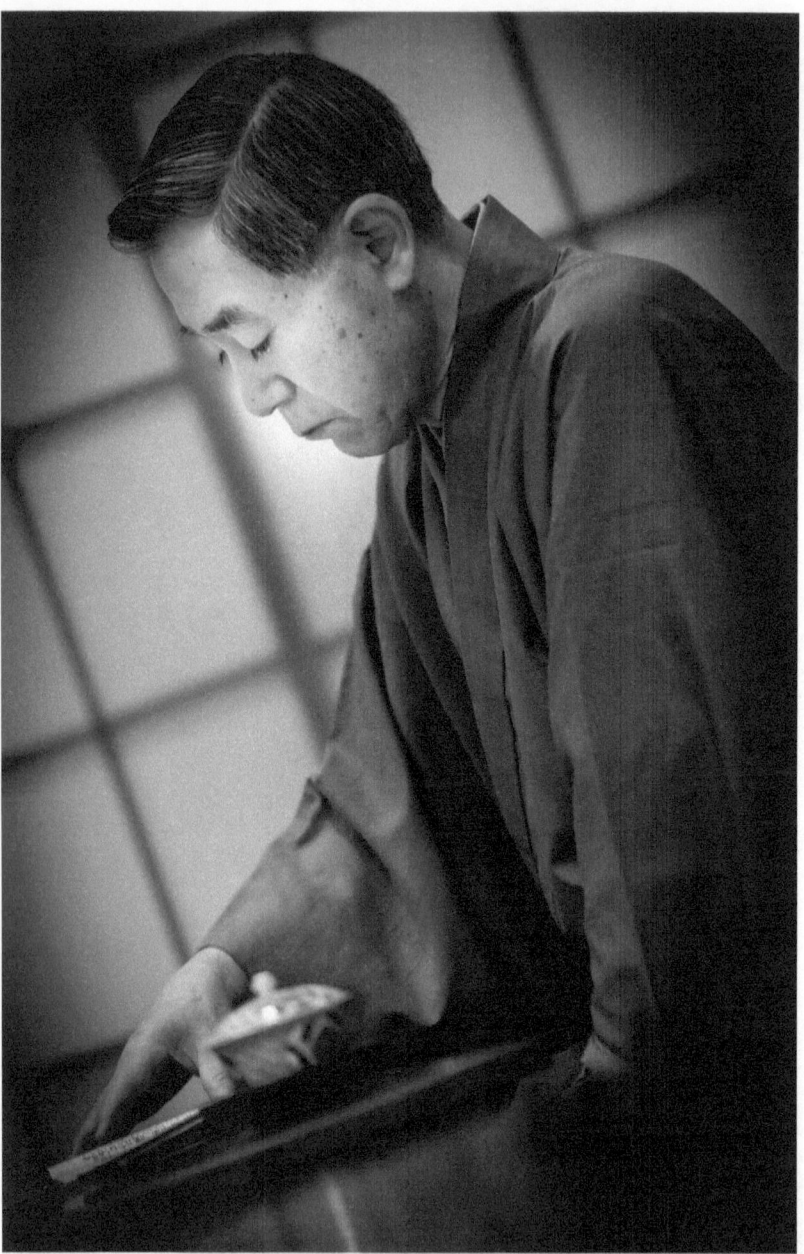

RÉPÉTITION CHEZ LE MAÎTRE DE MON MAÎTRE

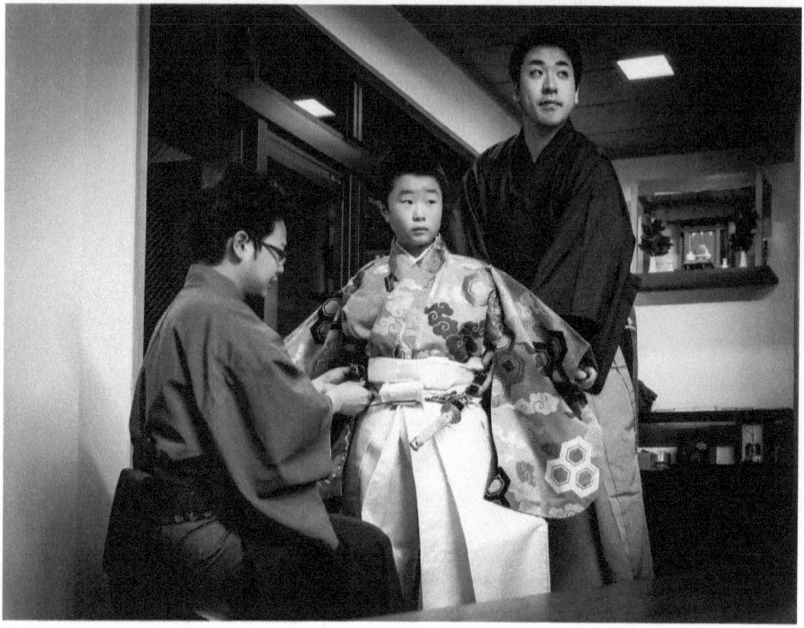

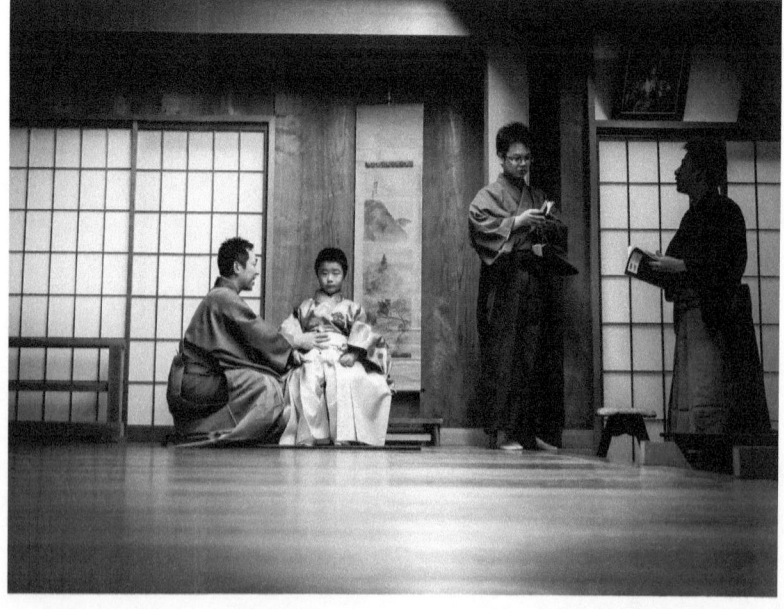

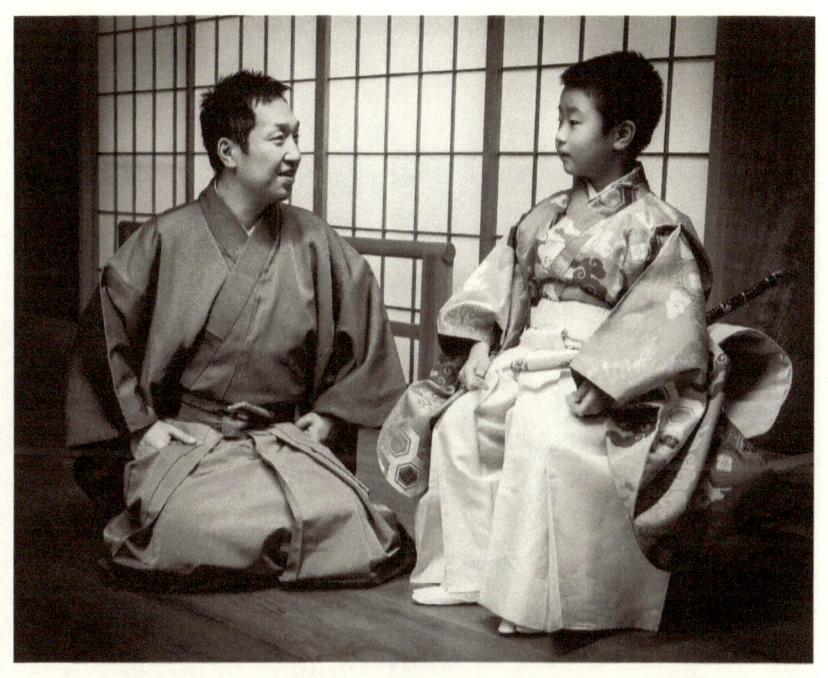

Aujourd'hui, nous répétons chez le maître de mon
maître avec les élèves qui vivent chez lui.
Mon kimono est plus beau avec de l'orange et du
vert. J'ai l'air d'un petit Prince.

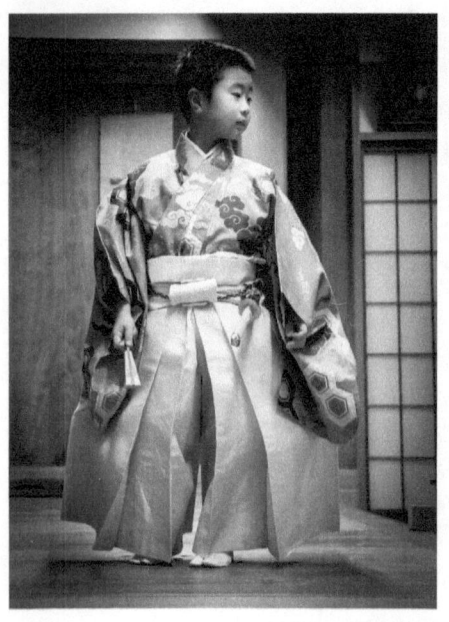

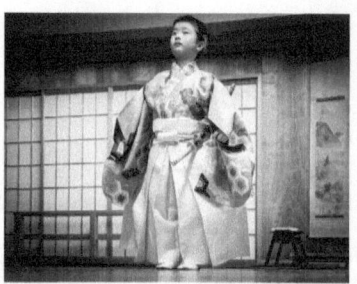

Mon maître m'a
demandé de bien
réciter ma partie avec
ma voix la plus forte.
J'ouvre grand la
bouche.

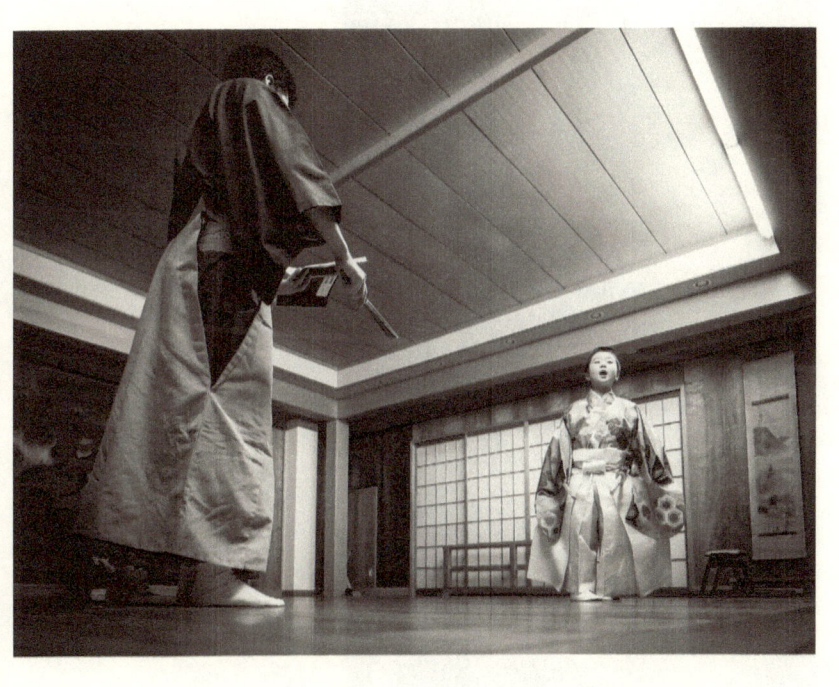

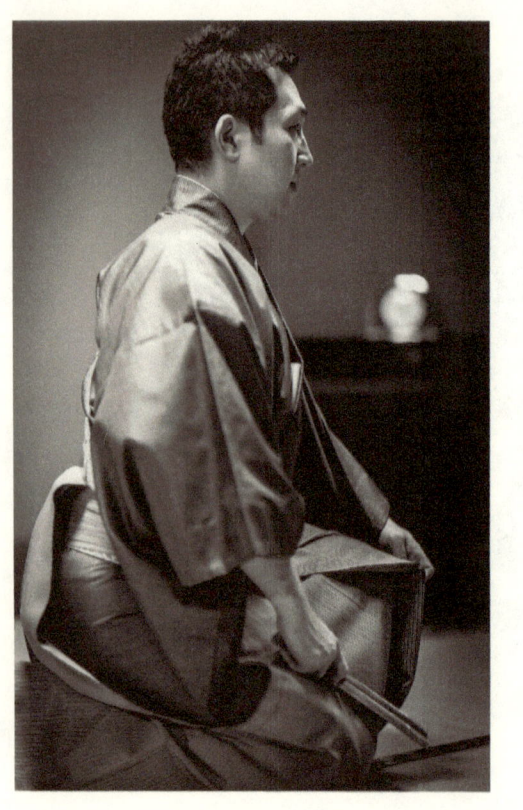

Je sens que mon
maître est très
concentré.
Il n'est plus un
professeur.
Il me fait penser
aux athlètes
lors des
finales de jeux
olympiques.

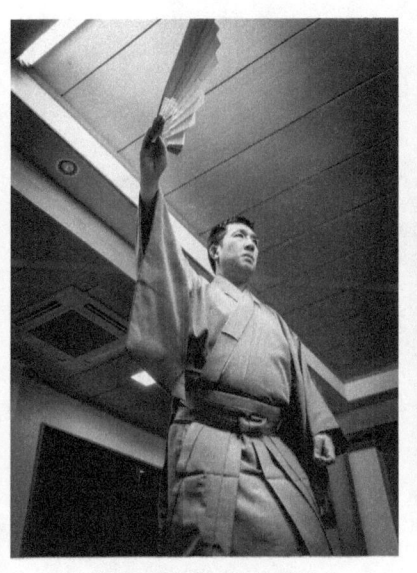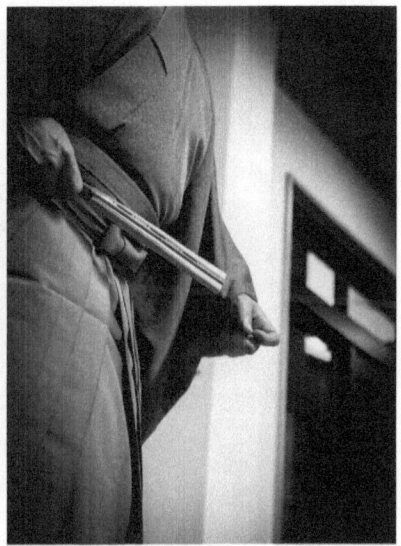

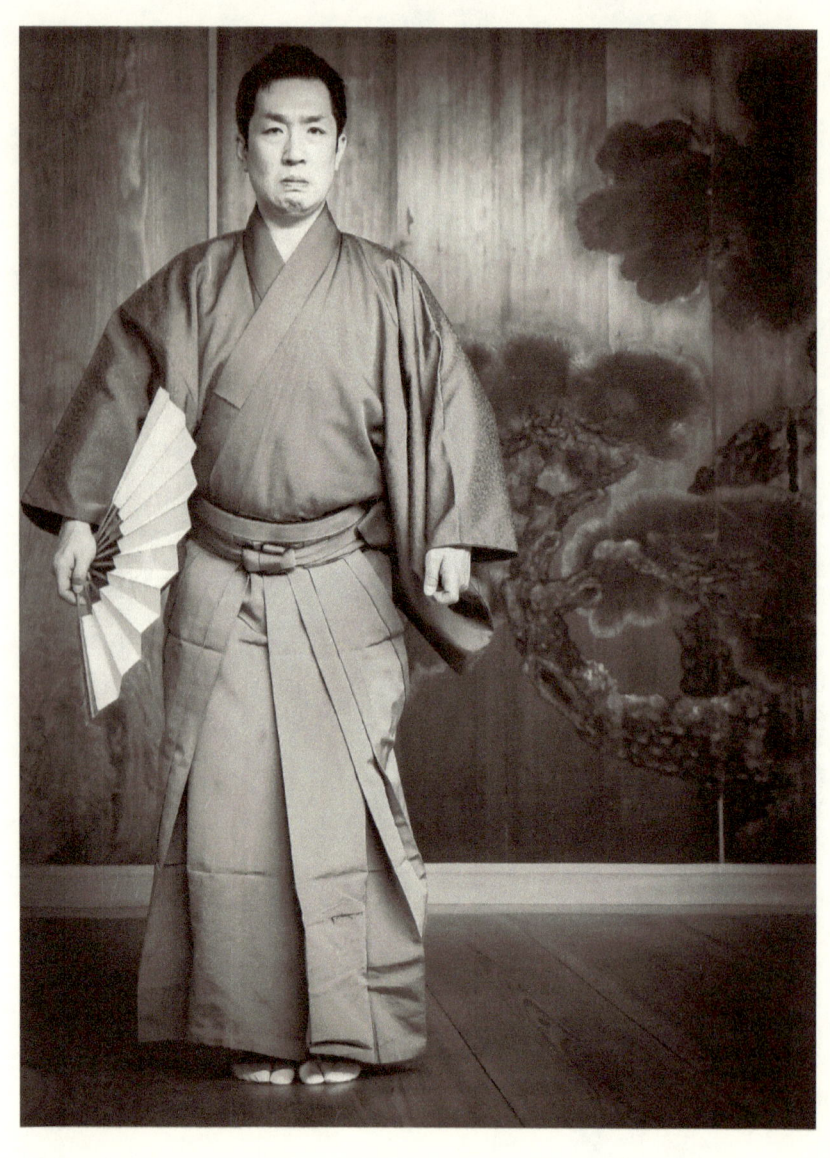

Même son visage est différent

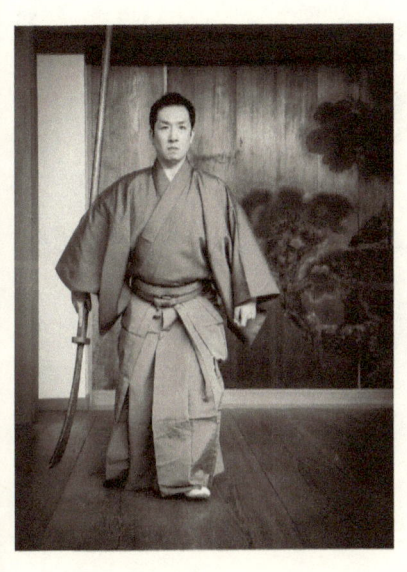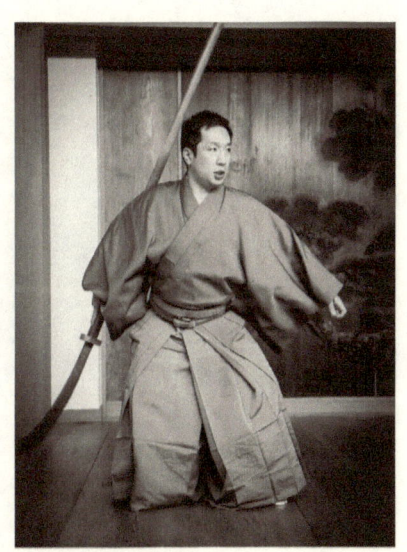

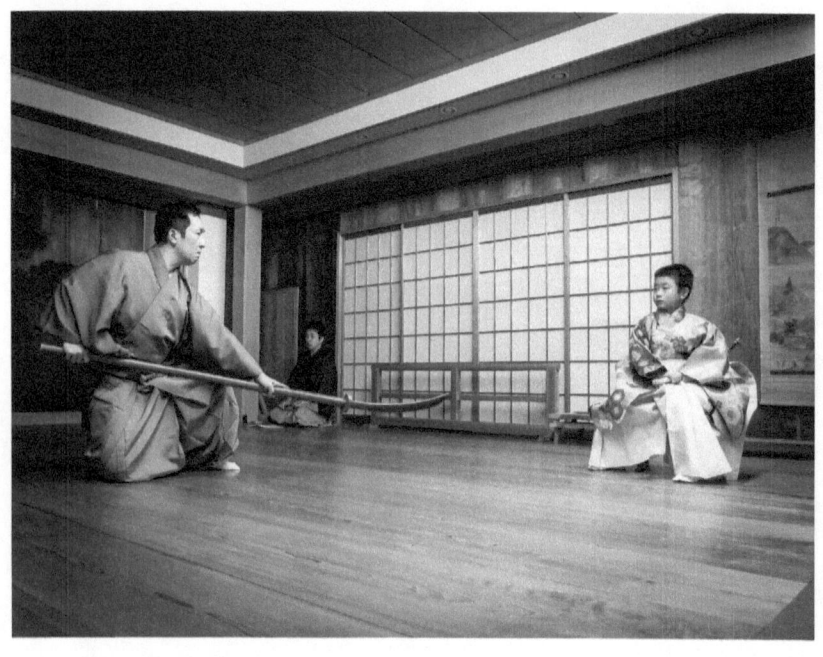

Sur la grande scène du maître de mon maître,
mon combat contre le fantôme ressemble à un film

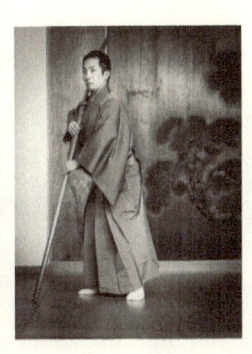
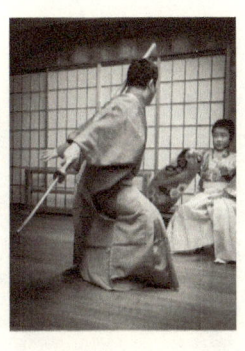
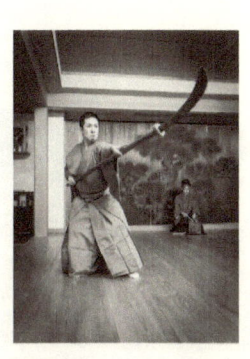
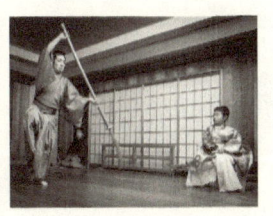
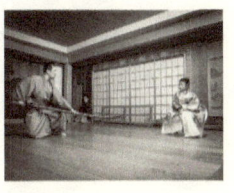
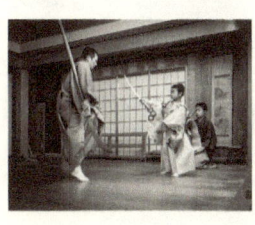

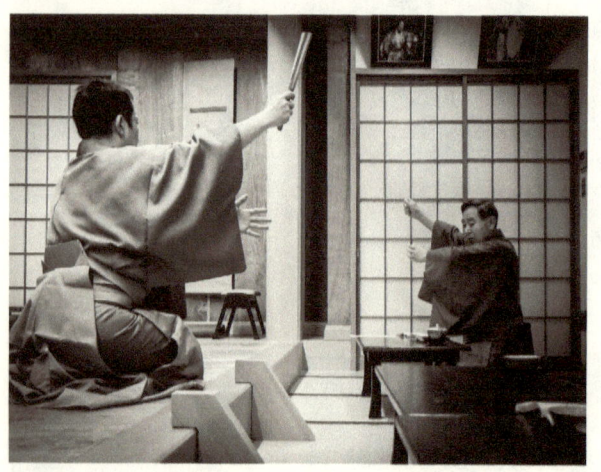

Après la
répétition,
le maître de
mon maître,
qui était resté
silencieux,
a pris un
moment puis
a fait une liste
de tout ce qu'il
fallait améliorer

J'étais surpris par les petits détails qu'il avait vu

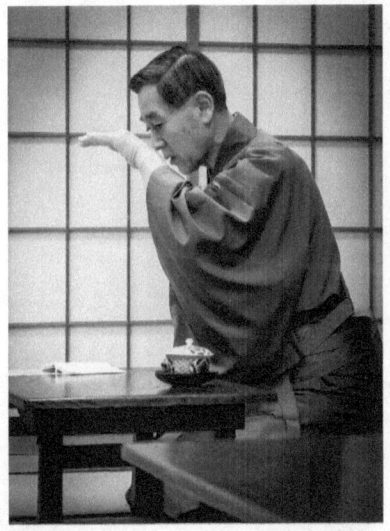

Il est monté sur la scène pour montrer ce que les mots ne peuvent pas dire

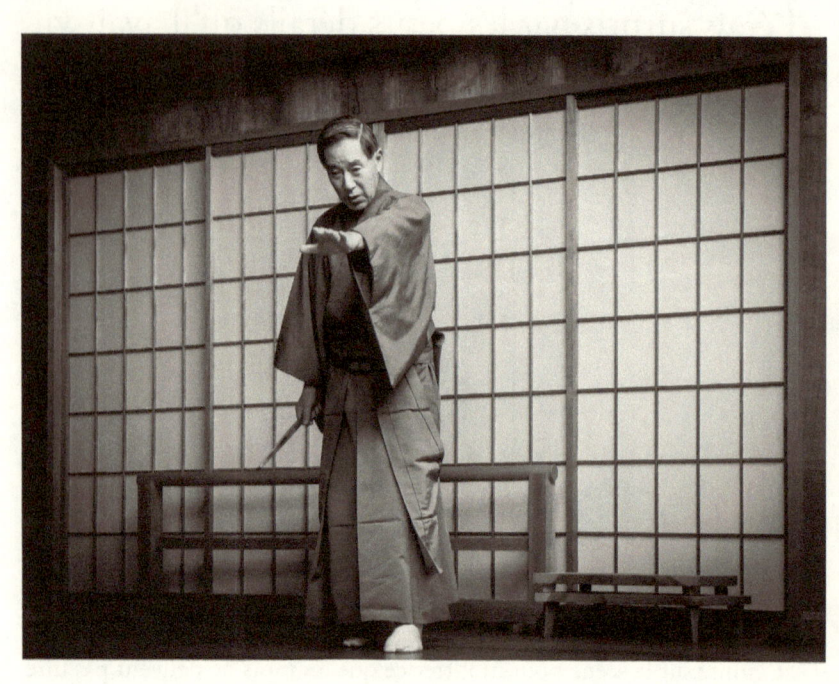

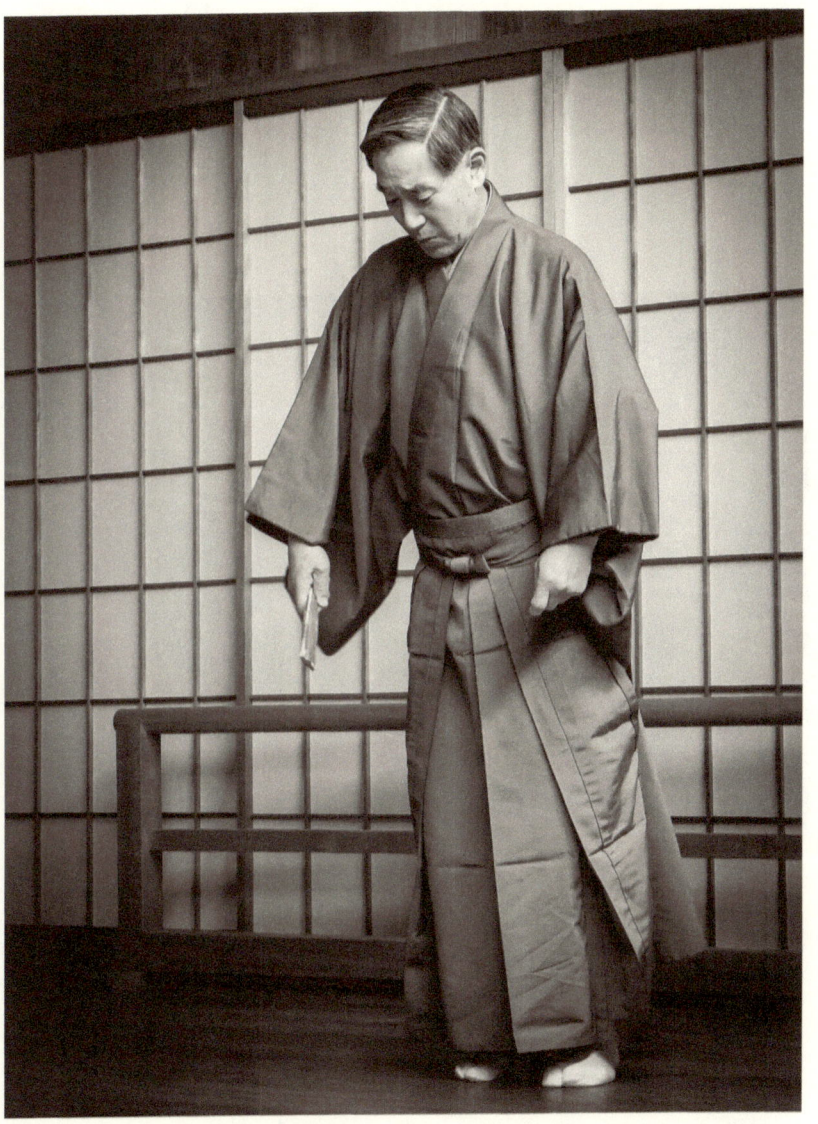

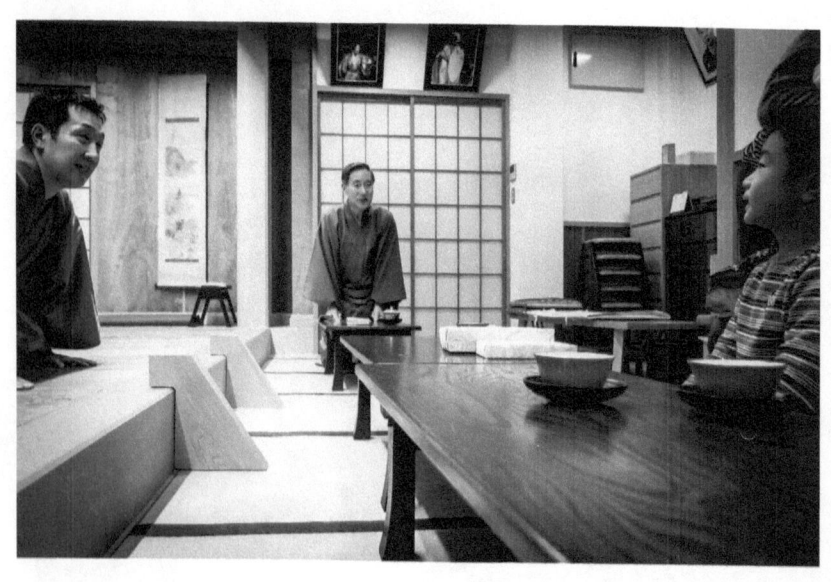

Au début de la séance, le maître de mon maître avait l'air très sévère et ne disait rien du tout.

Mais à la fin de la répétition, sa voix a changé. Il m'a parlé gentiment pendant qu'on buvait du thé vert apporté par ses élèves.

Je me demande s'il s'est souvenu de la première fois où il a joué Yoshitsune quand il avait mon âge. Je me demande s'il avait aimé être le plus fort des samurai ou bien s'il était triste de ne pas avoir le choix parce que son papa était maître de nô et qu'il devait faire pareil.

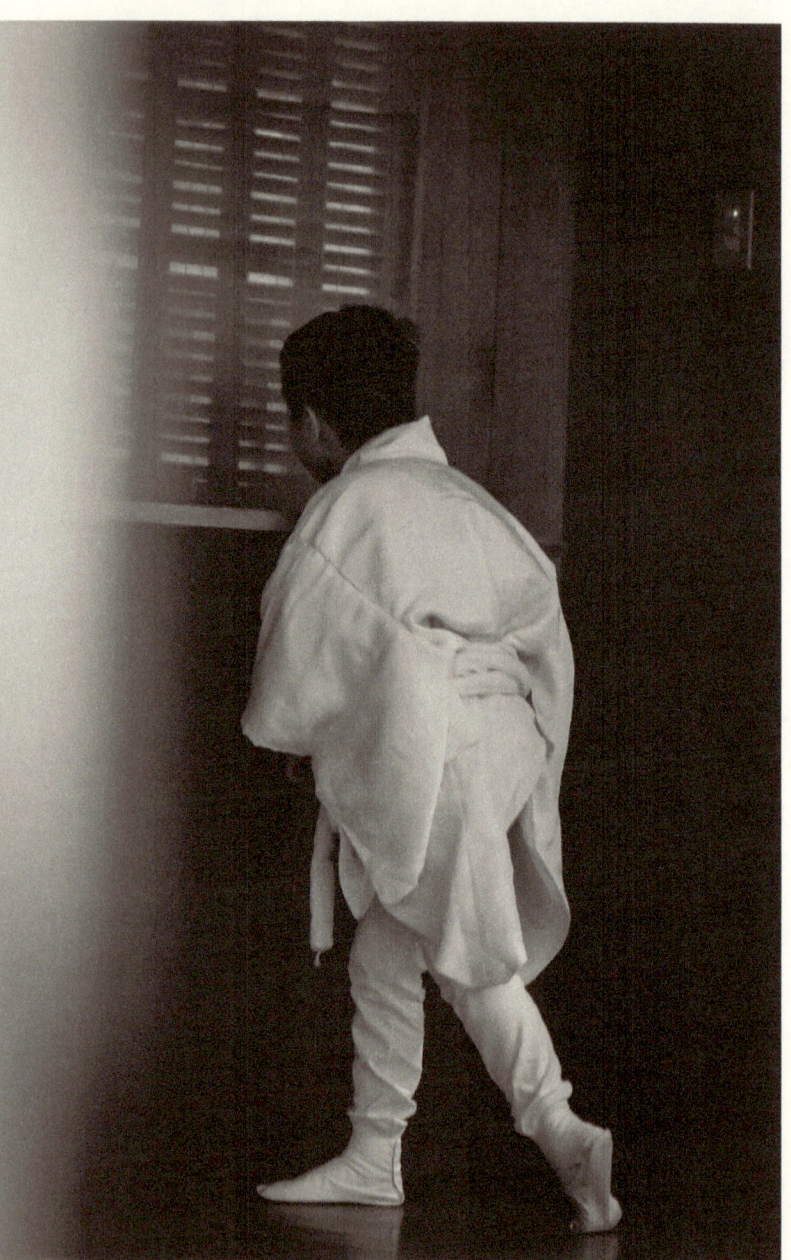

LE JOUR DU SPECTACLE
Derrière la scène

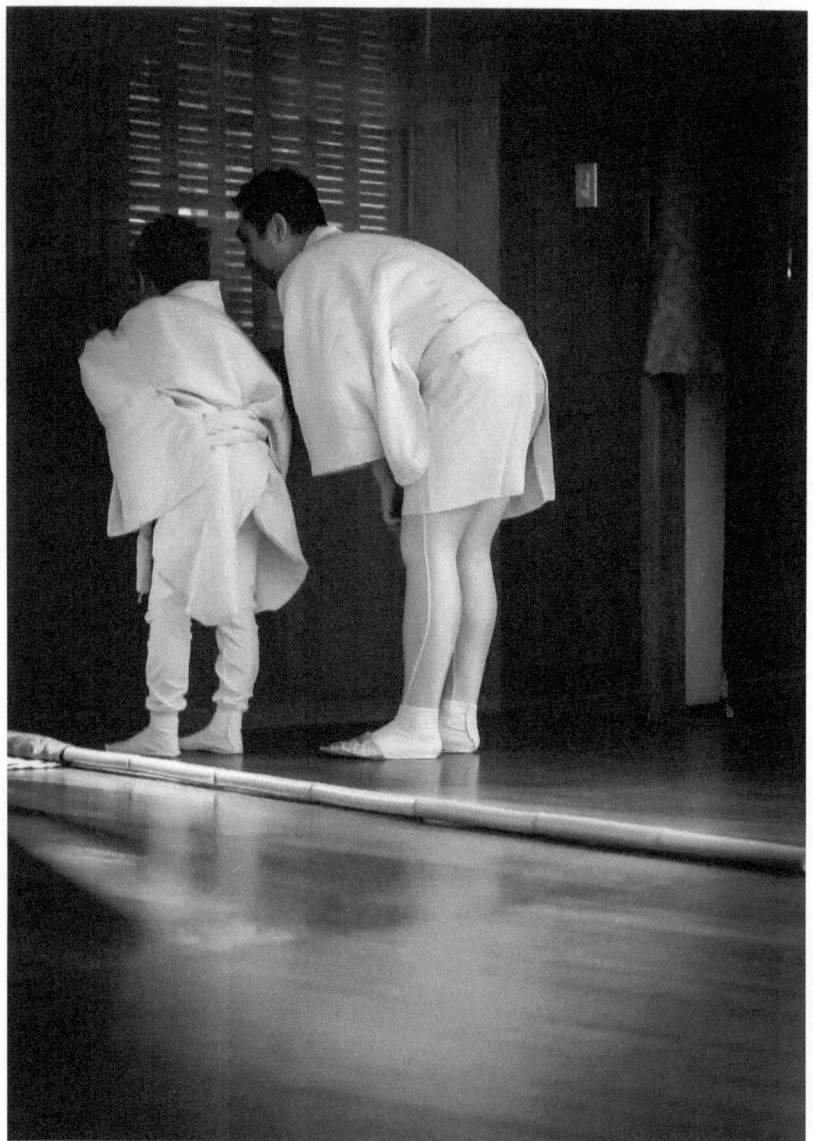

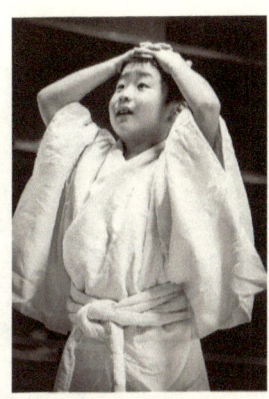

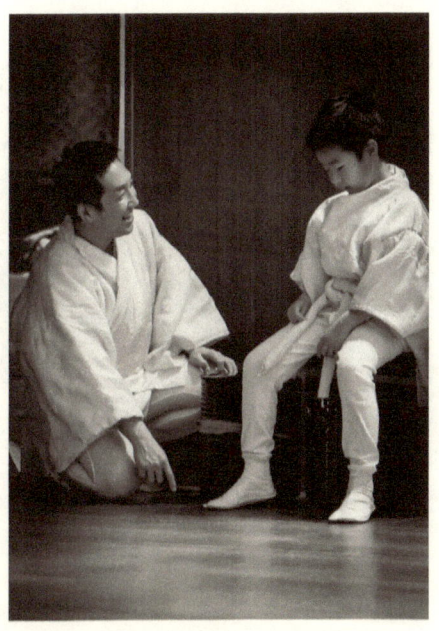

Ce dimanche, c'est enfin le
spectacle ! J'y ai pensé toute la
nuit. La première pièce vient
de se terminer. La nôtre, c'est la
seconde. Je peux voir le public
dans la salle. Il n'y a que des
adultes et des vieux.
Mon maître a l'air détendu.

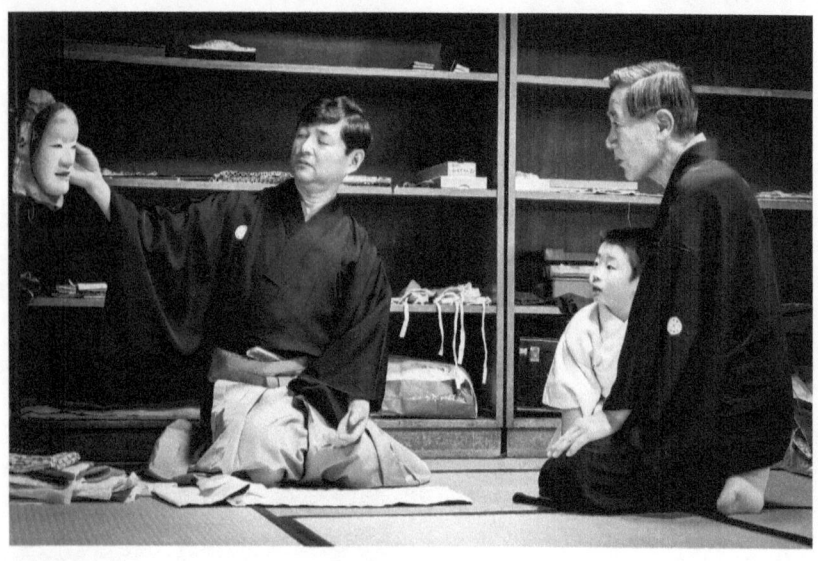

Le maître de mon maître a joué le rôle principal de la première pièce.
Un autre maître lui a demandé l'autorisation d'admirer son masque.

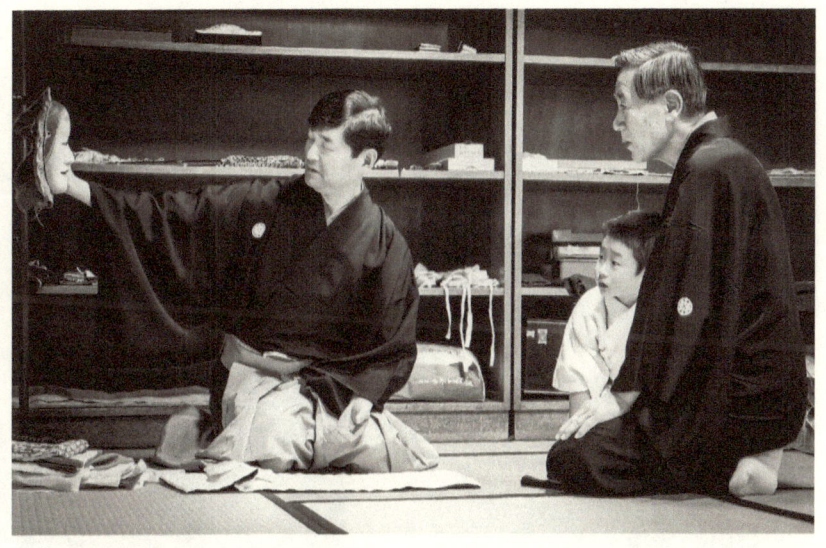

Un masque de nô c'est magique : si on le bouge un tout petit peu à droite ou à gauche ou de haut en bas, il change. Il devient triste ou il sourit.

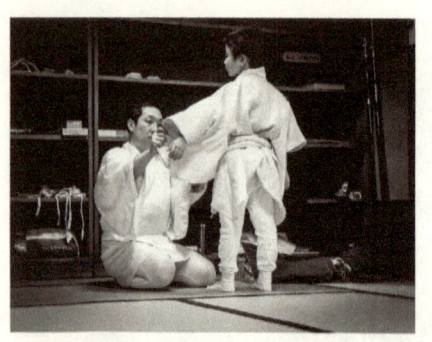

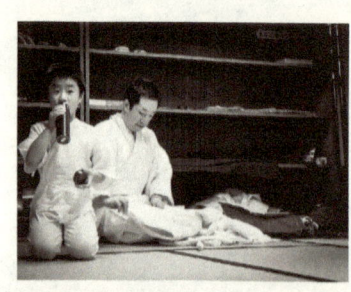

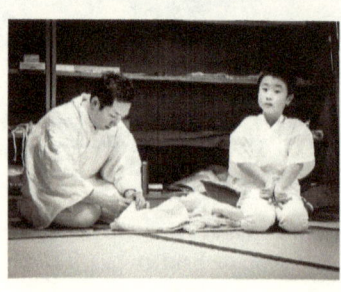

Ce qui m'impressionne
dans les coulisses,
c'est le calme

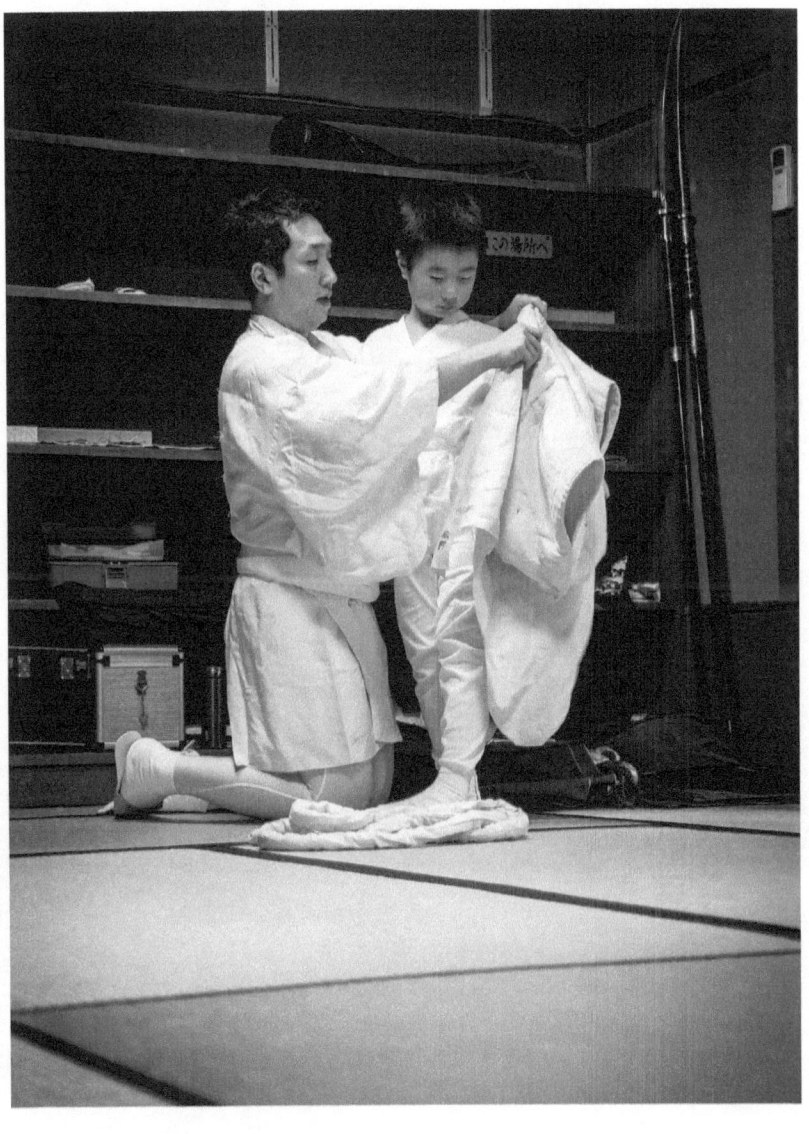

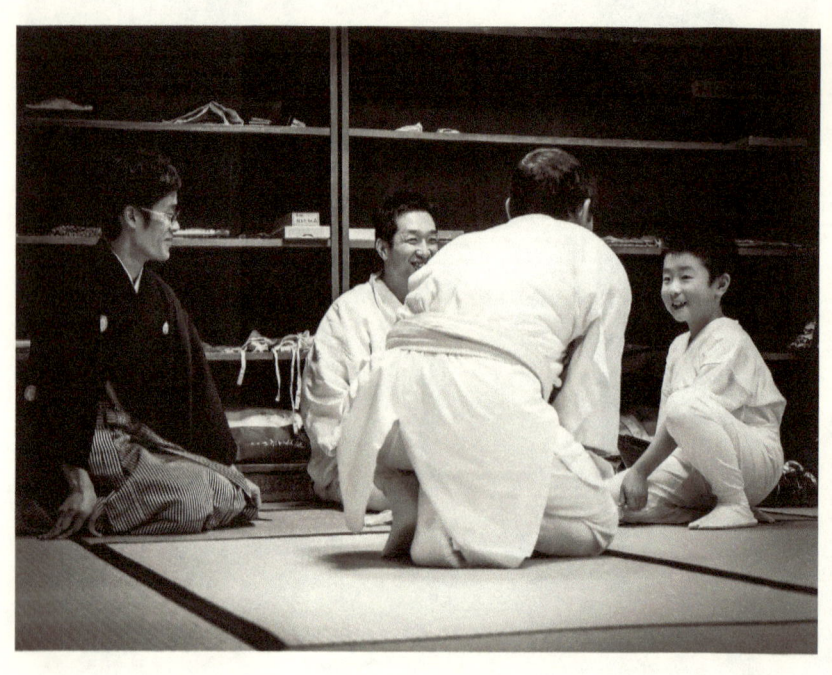

Le maître kyogen est venu me demander comment je me sens. Les maîtres kyogen, ils arrivent à faire rire tout le monde en quelques secondes.

Si je ne deviens pas maître de nô, je serai maître kyogen.

Tout est calme mais tout d'un coup,
tous les maîtres sont venus
pour nous aider à nous habiller.

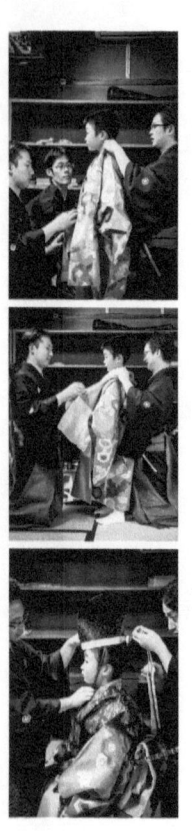
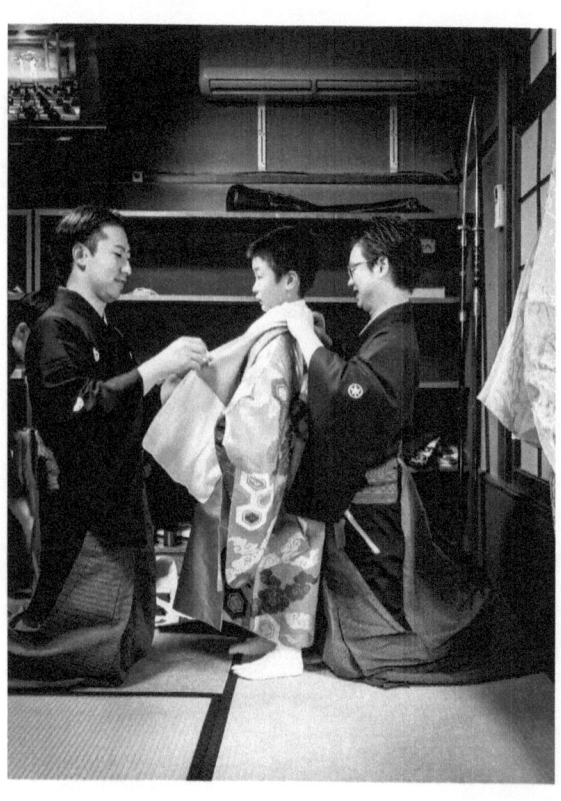

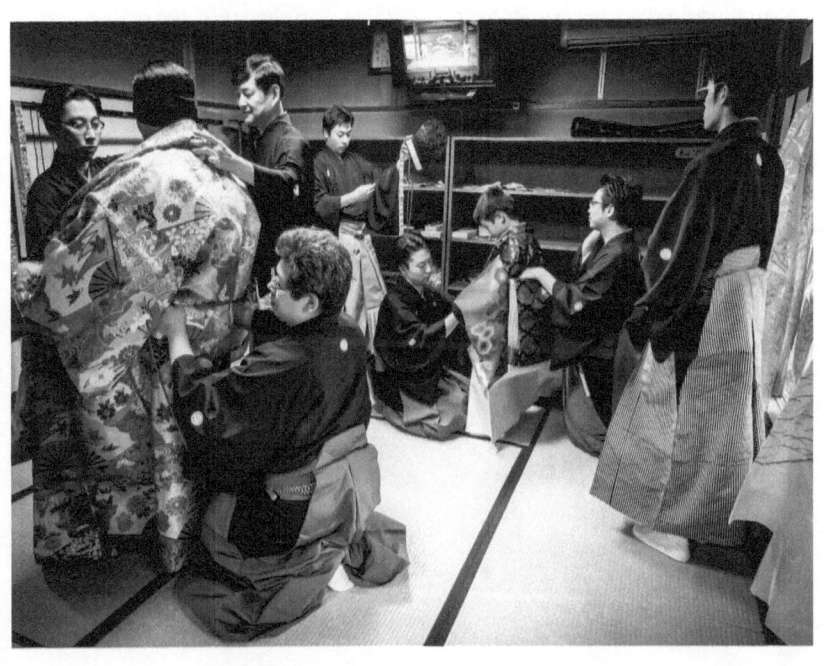

En quelques secondes la pièce était pleine. Tout le monde était détendu, souriant. Concentré mais joyeux comme si on se préparait pour une fête.

Ça m'a un peu surpris de voir des adultes, des papa, être capables de préparer des costumes comme des kimonos de mariée. De les nouer avec des fils de soie cousus directement avec des aiguilles pour qu'ils tiennent pendant la danse. De peigner les longues perruques.
Dans mon idée, je pensais que ce seraient des assistantes ou des mamans qui s'occuperaient de cela.

Mais non, ici, tous les maîtres entre eux s'aident à s'habiller, à faire des nœuds compliqués et des plis parfaits avec des kimonos tissés qui ont l'air de coûter si cher qu'on ne les porte que pour la représentation.
Les nœuds, j'ai compris que c'est important ! Il ne faut pas que cela soit trop serré, mais il ne faut pas non plus que le kimono se défasse pendant le combat !

Plus je sais ce que les maîtres peuvent faire, plus je me dis qu'ils sont vraiment forts. C'est dommage que les spectateurs ne puissent pas voir à quel point ils sont forts derrière la scène.

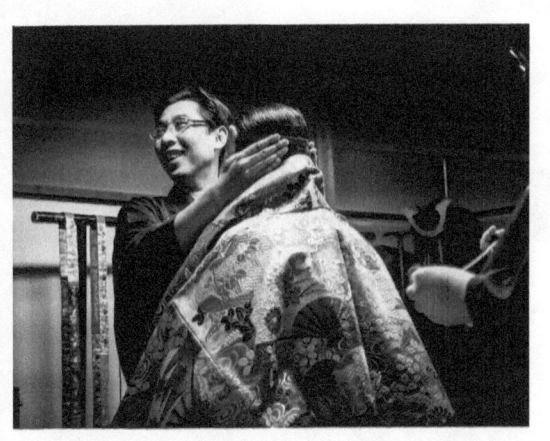

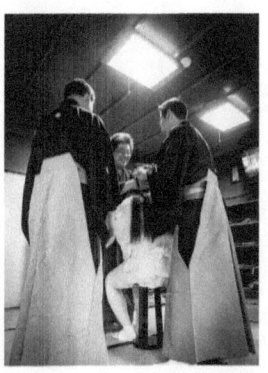

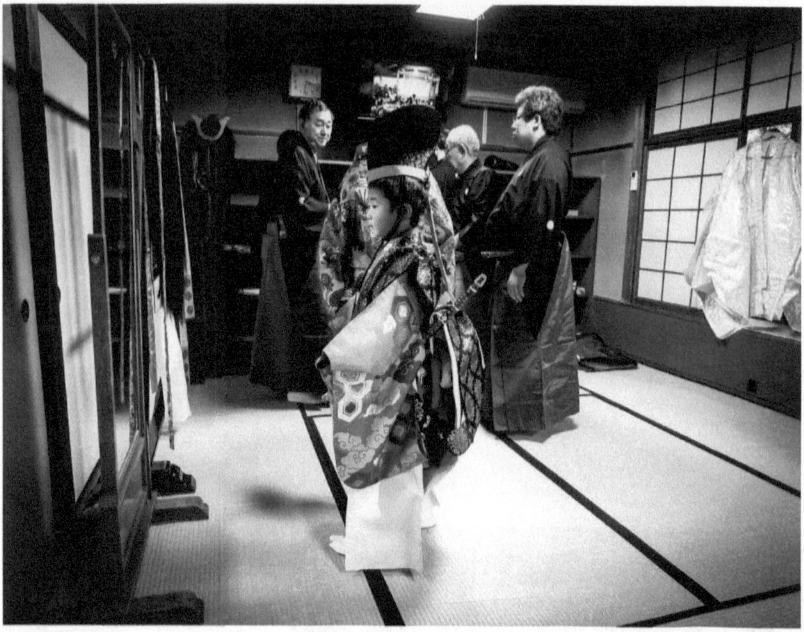

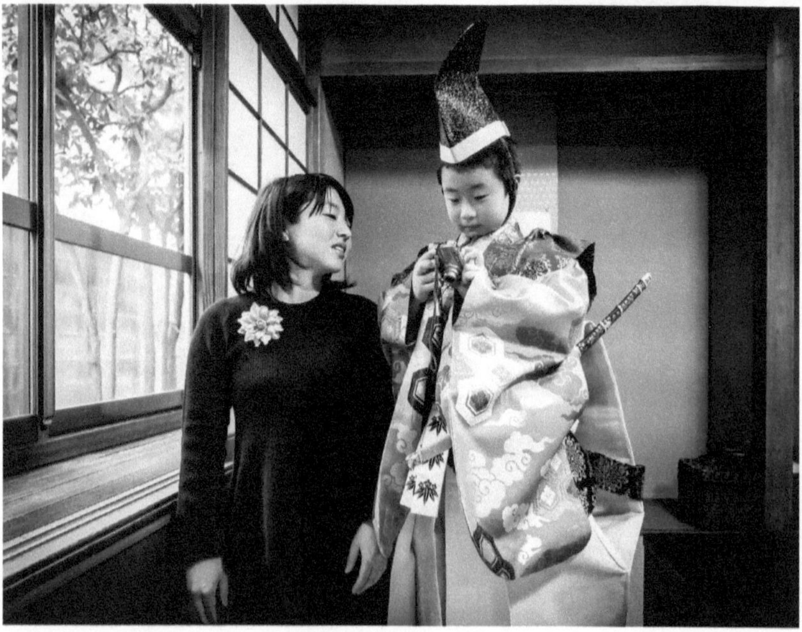

Ça y est.
Je suis prêt.
J'aime beaucoup mon
costume.
J'aime les couleurs et les
dessins et les fils d'or. Et j'aime
mon chapeau.

J'attends que la préparation de
mon maître soit terminée.

Je vais dans le grand couloir
derrière la scène.
Et puis dans la pièce au miroir.
Celle où on n'a pas le droit
d'entrer si on ne porte pas des
chaussettes blanches.

Je me sens prêt.

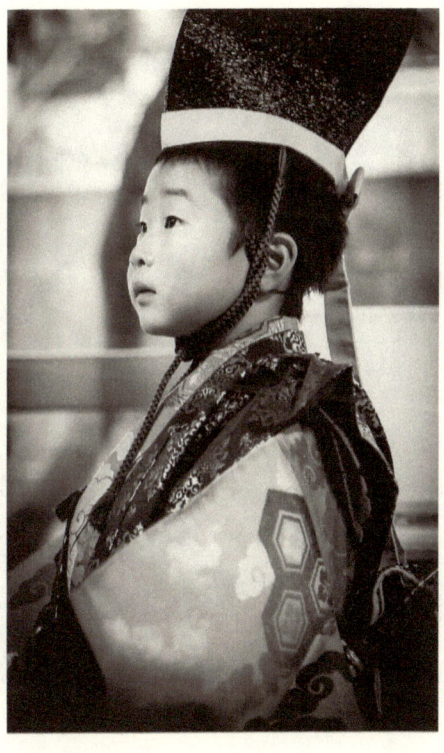

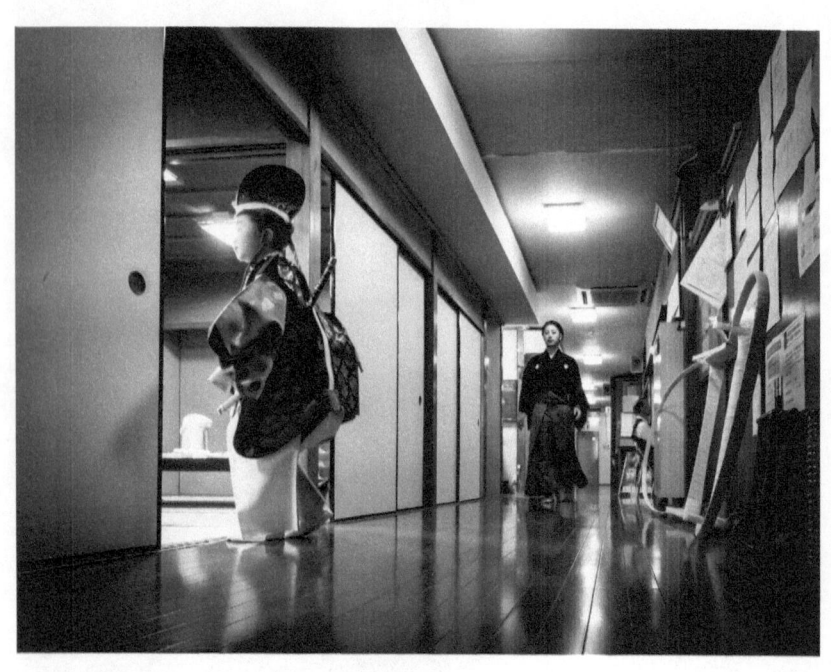

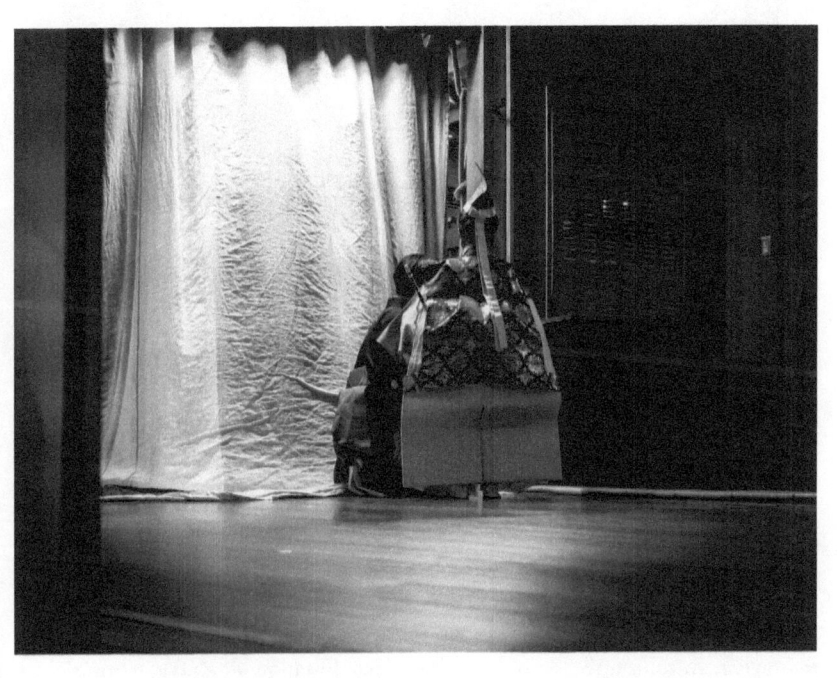

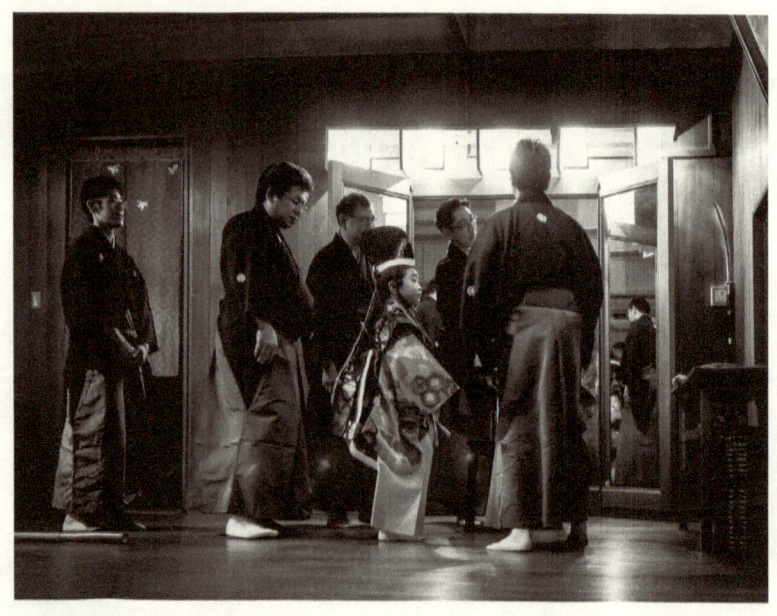

Dans la salle au miroir, l'ambiance a changé. Tout le monde parle tout bas. Chacun est totalement concentré. On vérifie une dernière fois mon kimono et les musiciens s'installent pour le oshirabe

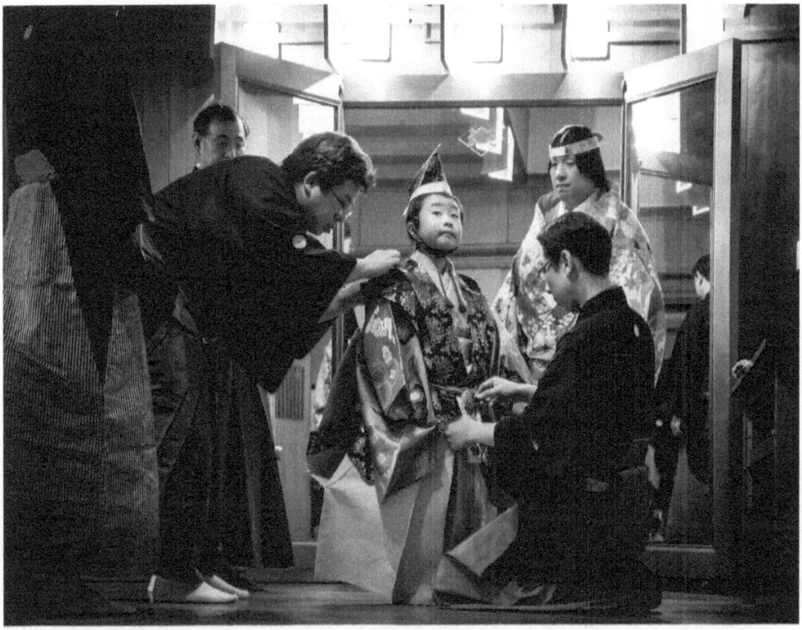

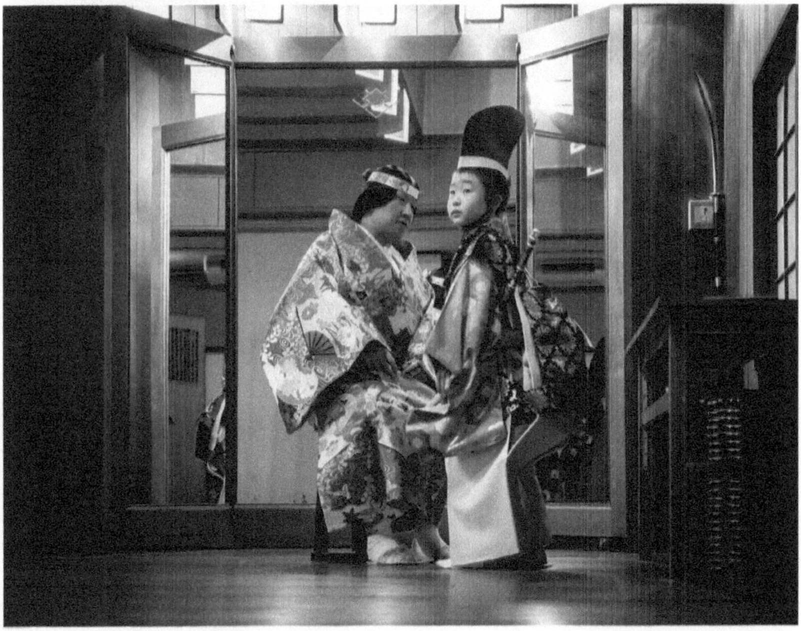

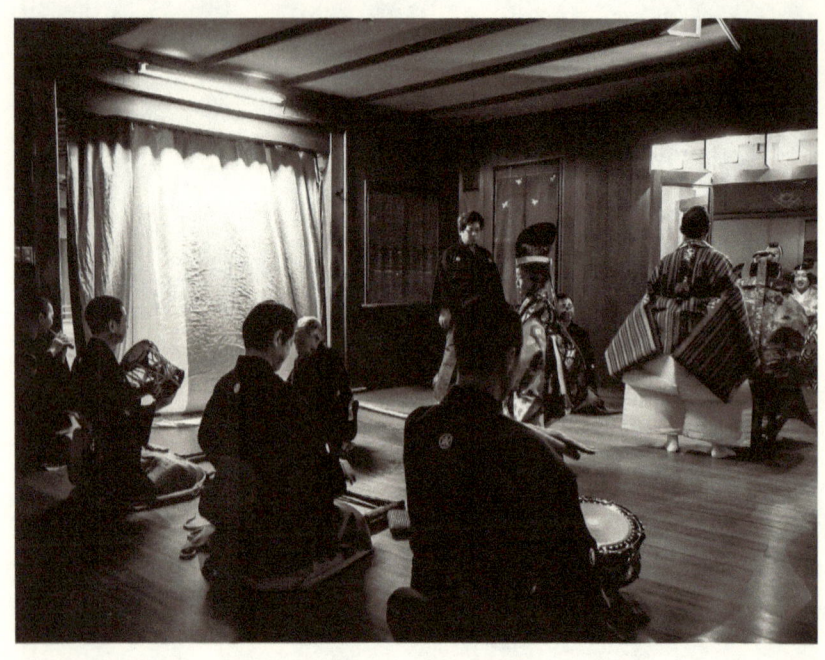

J'aime le son du oshirabe. L'air reste en moi.

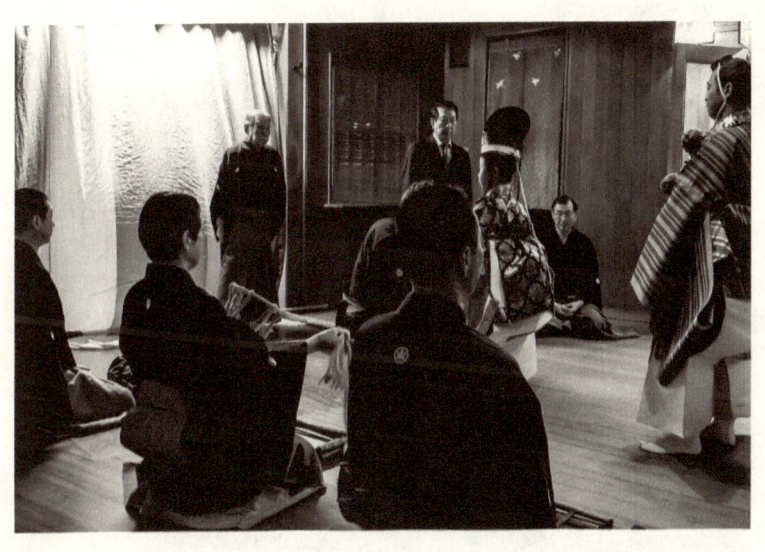

Je suis prêt à entrer en Yoshitsune

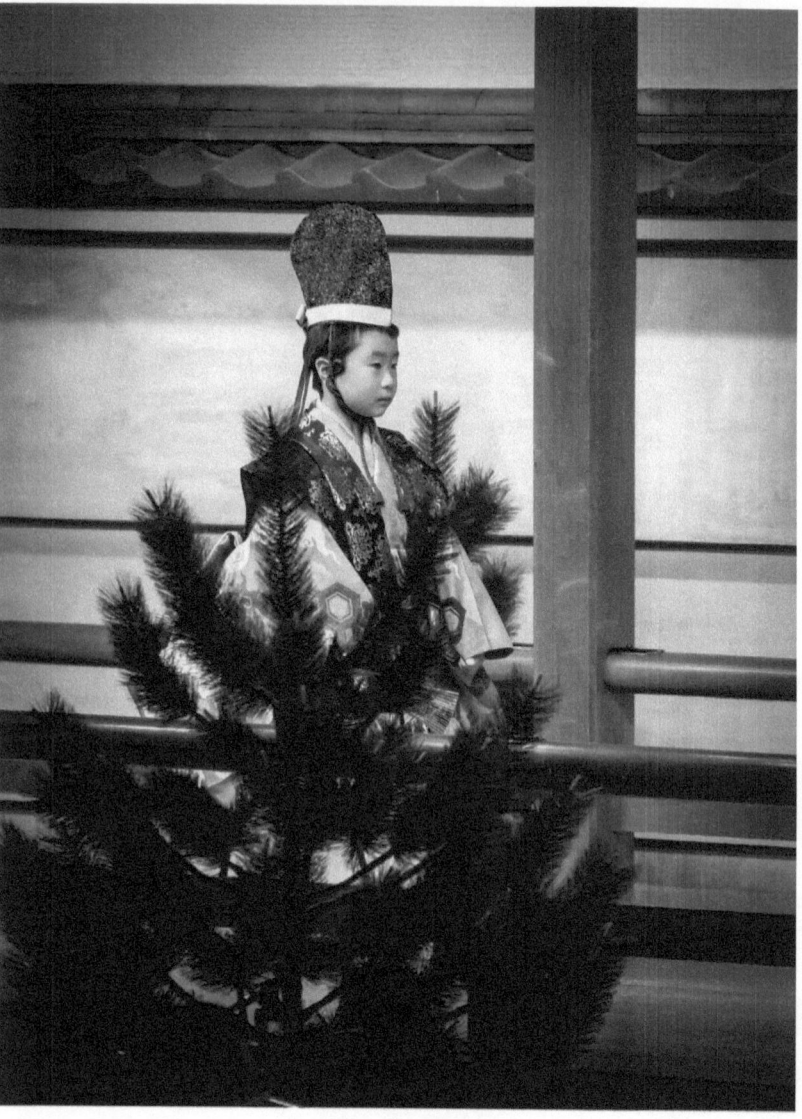

LE JOUR DU SPECTACLE
Sur scène

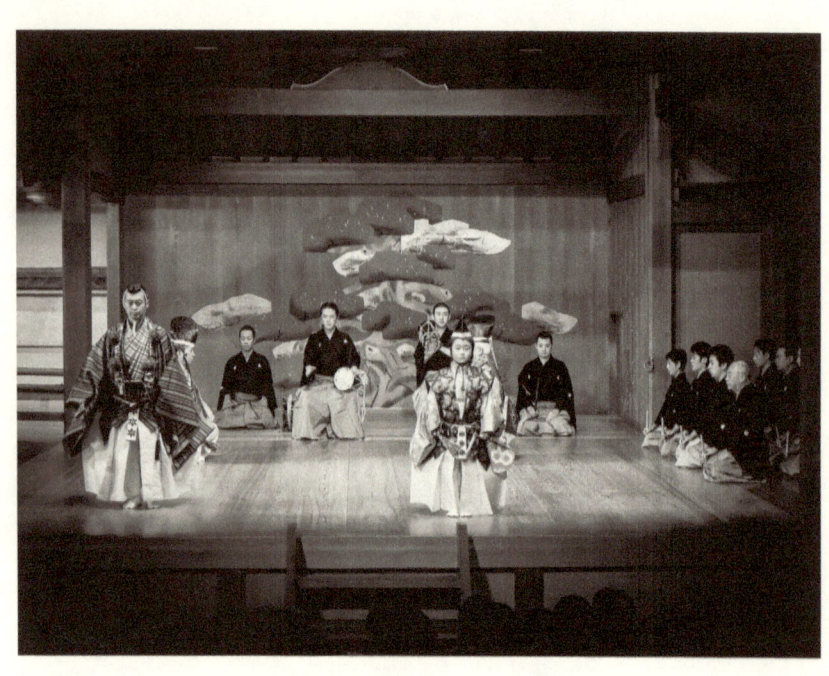

Ce n'est pas comme à la
répétition il y a trois jours.

La salle n'est pas éclairée mais
on peut quand même voir
tout le public.

On dirait une grande
cérémonie. Comme dans les
temples. Ou les fêtes.

Ce n'est pas comme à l'école.
On se sent comme en
famille.

C'est un peu comme si tout
le monde faisait partie du
même groupe. Comme si
tout le monde, nous sur
scène, et le public dans la
salle : on faisait un.

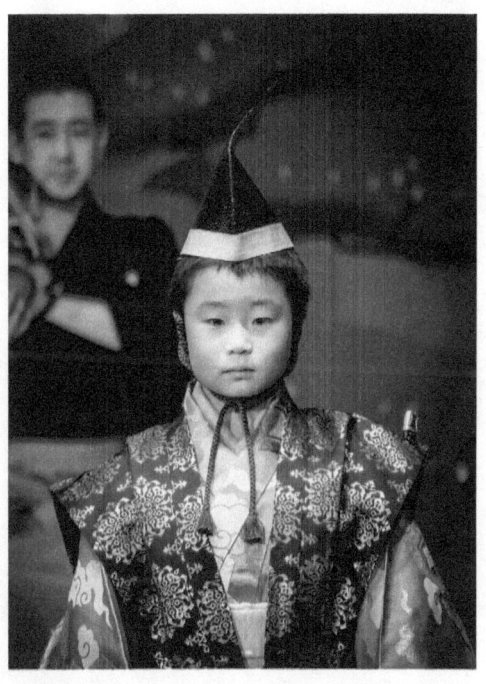

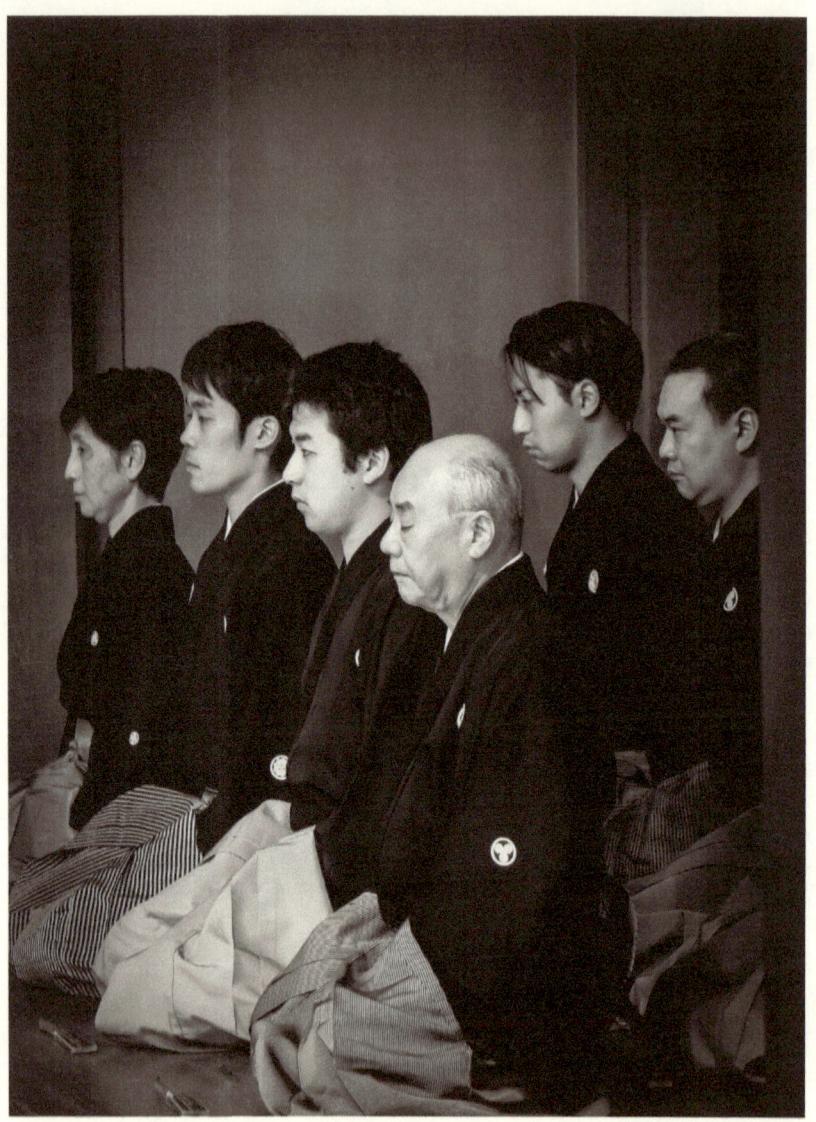

J'aime le chœur qui chante avec une voix grave.

Dans le chœur, il y a des vieux sensei, une dame
sensei (je croyais qu'il n'y avait que des hommes
mais on m'a dit que désormais non), des sensei
très jeunes et des sensei de l'âge de mon maître.

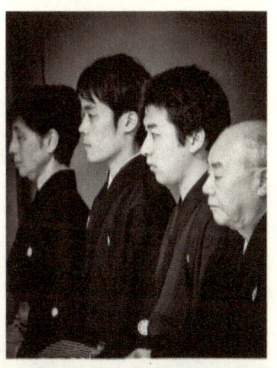

Il y a un maître au milieu du deuxième rang que
tous les autres écoutent et suivent. C'est le chef
du chœur et il fait bien attention de se synchro-
niser avec le tambour.

J'ai demandé à papa quel est le kamon de notre
famille pour imaginer comment sera mon kimono noir de cérémonie plus tard. Un kuromon-
zuki, je trouve cela plus beau qu'un smoking.

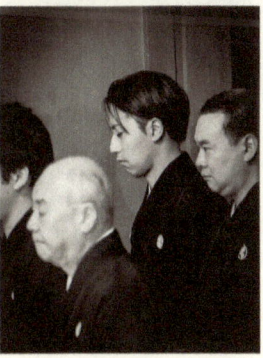

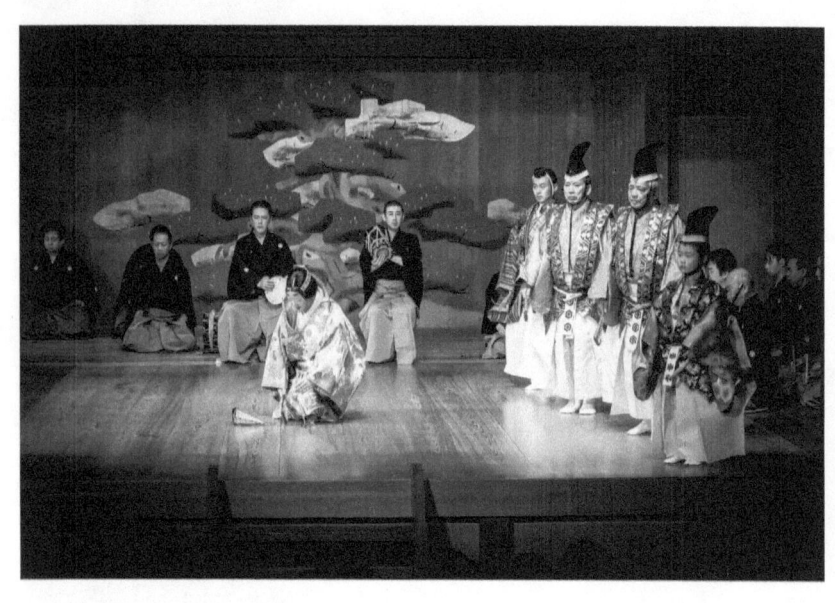

Je m'appelle Yoshitsune. J'ai 26 ans. Je suis le plus grand guerrier de tous les temps. Mon grand frère est le chef du pays.

Je suis le plus grand car j'ai gagné la guerre contre les ennemis, la famille Taira, qui voulait devenir chef à notre place. Dans la bataille finale qui a eu lieu en mer, ils sont tous morts noyés.

Mais après ma victoire un général jaloux de notre camp a fait croire à mon grand-frère que je voulais prendre sa place. Depuis, il veut me tuer. Alors je fuis. C'est totalement injuste.

Je suis accompagné par deux gardes et mon gardien le plus fidèle : le moine guerrier Benkei (il est joué par un waki avec un petit chapeau rond sur le front). Il est super fort. Et super malin. Sans lui, je serais mort plusieurs fois alors j'écoute toujours ce qu'il me dit.

Et puis jusqu'ici, ma petite amie a réussi aussi à nous accompagner. Elle est très belle et on s'aime.
Elle s'appelle Shizuka.

Je ne sais pas comment font tous
les maîtres pour rester assis en seiza
pendant si longtemps.

Si on regarde bien, de temps en
temps, ils bougent un peu sans rien
montrer sur leur visage à quel point ils
souffrent. Je ne sais pas si c'est normal
de souffrir pour créer de l'art. Certes ils
sont tous beaux sur scène. Mais quand
même !

Quand je serai maître de nô peut-être
que je ferai comme les plus fûtés : je
mettrai une planche en bois pliable
dans mon pantalon pour poser les
fesses un peu plus haut et avoir moins
mal aux genoux.

Aujourd'hui, j'ai de la chance, un
maître derrière moi place un tabouret
rond : c'est bien de jouer le rôle d'un
grand chef !

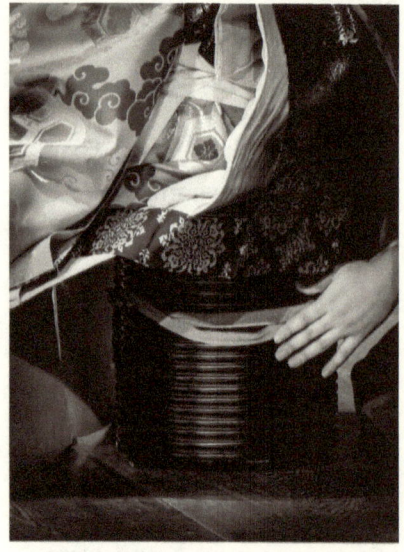

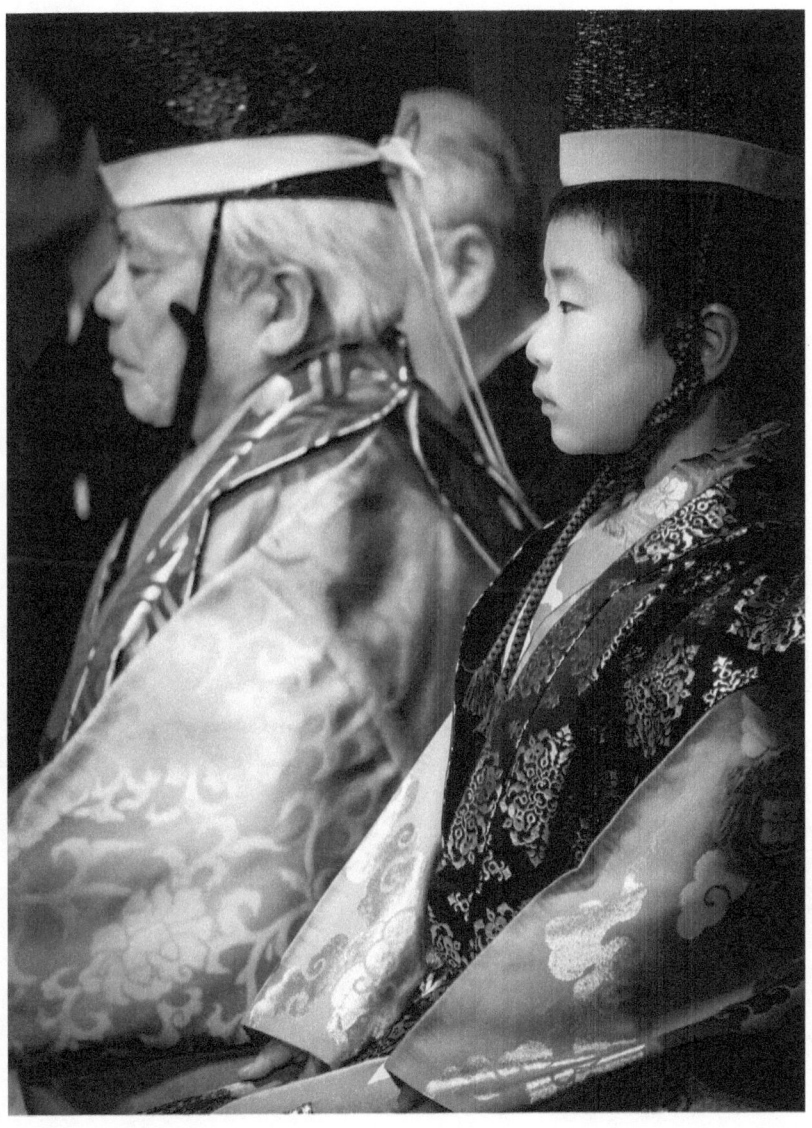

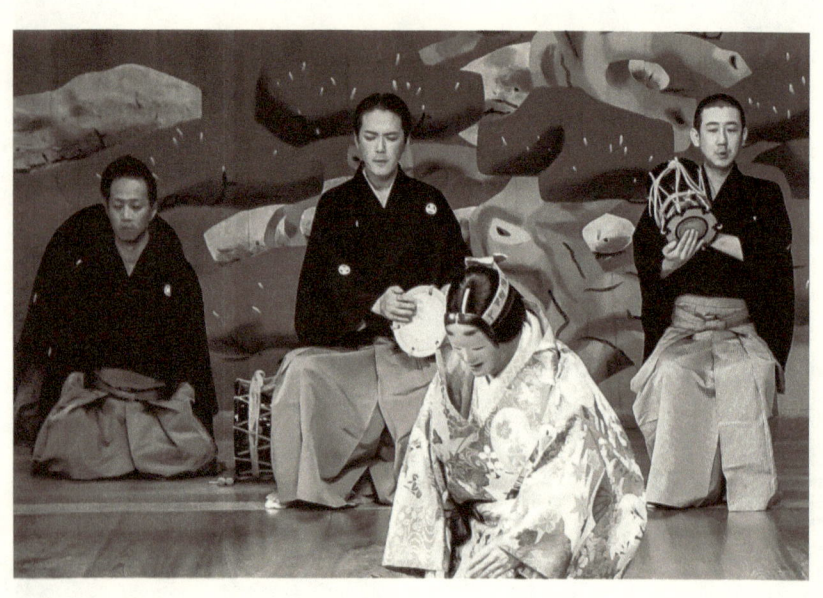

Un autre option pour la chaise, c'est d'être tambour :
soit de hanche, soit d'épaule.

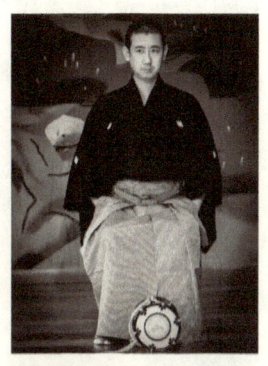

Ce sont les seuls à avoir droit à un petit fauteuil
pliable avec un coussin ! Ils ont même des aides pour
les installer.

J'ai demandé, mais personne ne sait pourquoi. Dans
le passé, il y avait peut-être un maître important qui
avait les fesses ou les genoux sensibles.

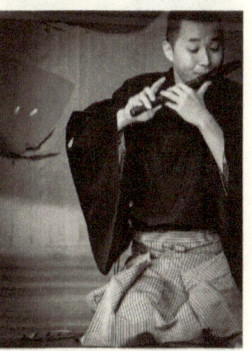

Si j'étais la flûte ou le taiko,
je serais jaloux.

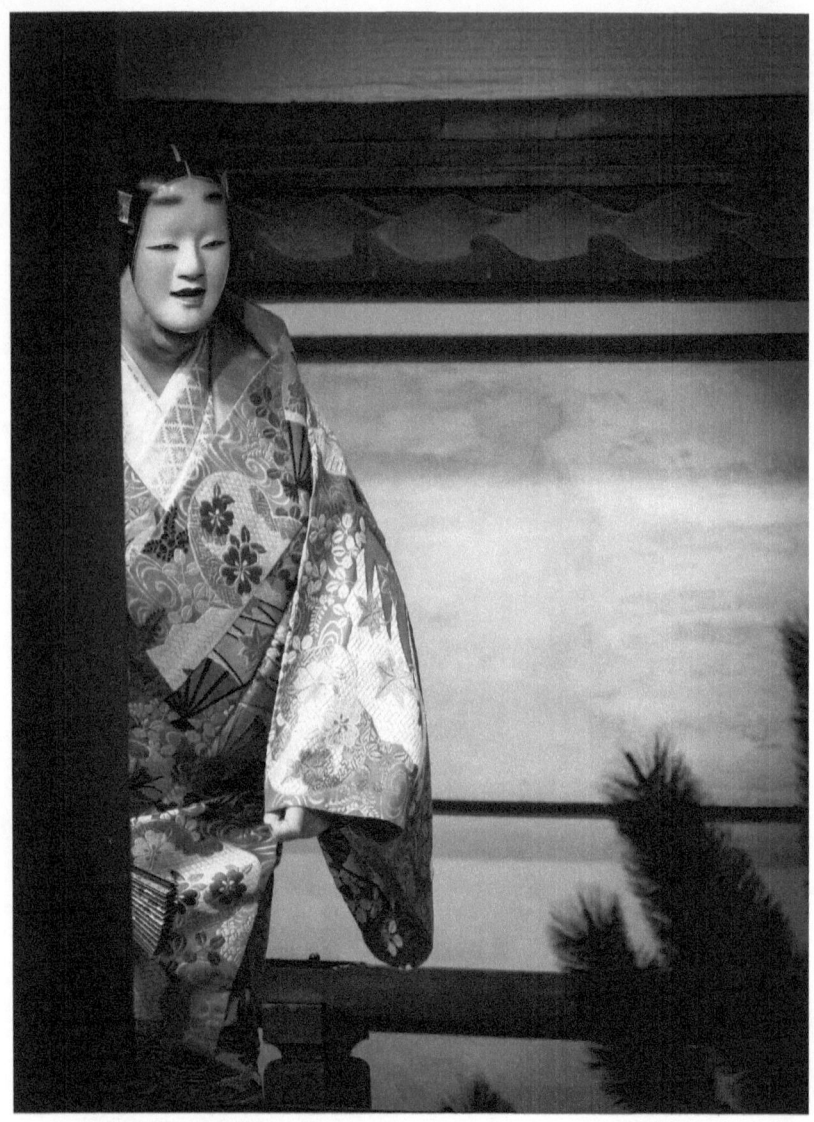

Demain matin, nous devons prendre une barque pour partir par la mer vers l'Ouest. C'est risqué et si on doit faire attention à Shizuka on risque de se faire rattraper et mourir.

Alors sagement Benkei me dit qu'il vaut mieux qu'elle retourne à la capitale pour attendre un peu.

Au départ, elle ne voulait pas le croire. Elle voulait que je lui dise en face.

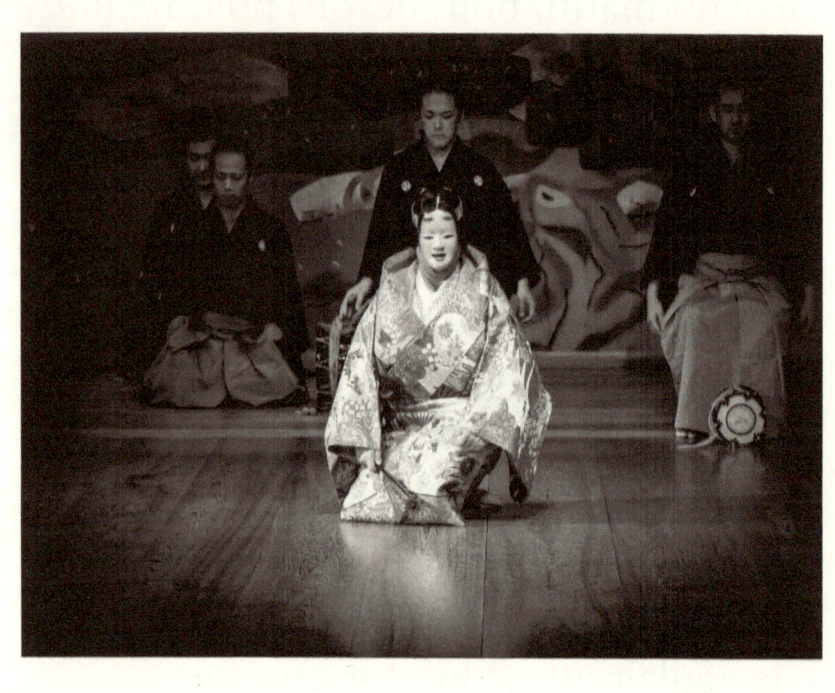

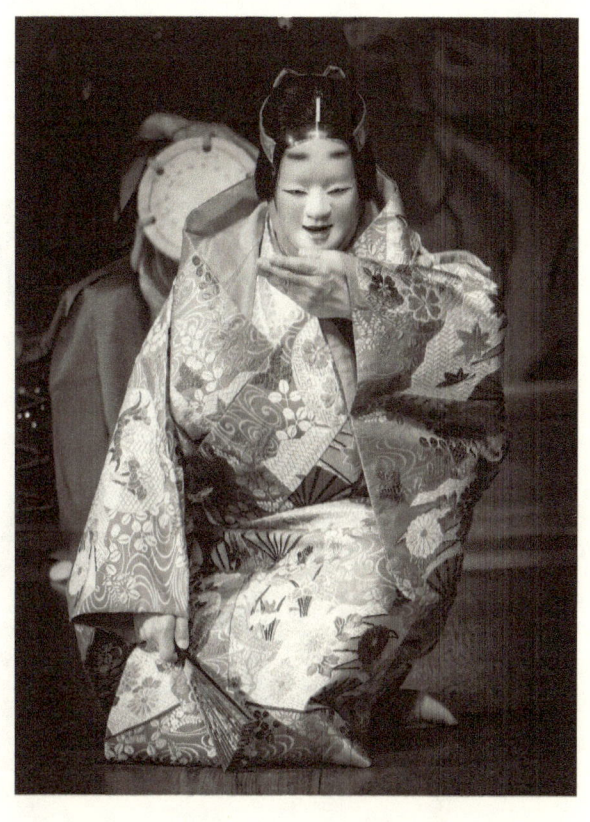

Alors je lui ai dit, c'était difficile mais je lui ai dit,
et elle s'est mise à pleurer

On a bu du vin mélangé
avec des fleurs pour se
réconforter mais elle pleurait,
elle pleurait. Alors on lui a
demandé de nous chanter un
poème.

Je lui ai donné un de mes
chapeaux et elle a dansé pour
nous sur une chanson chi-
noise et puis elle s'est caché
le visage derrière son éventail
car elle souffrait trop.

A l'école, quand quelqu'un
pleure, j'aime pas ça. Je me
demande si les adultes c'est
pareil.

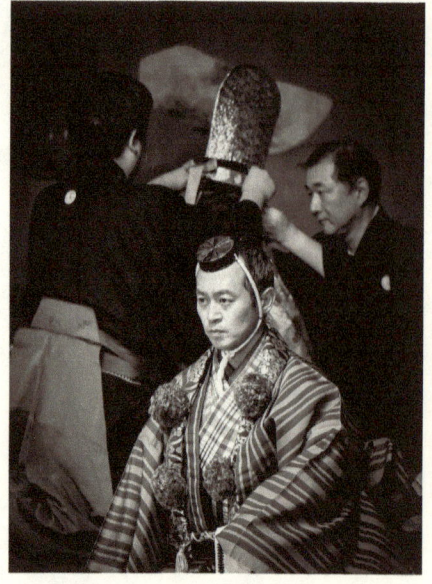

C'est bizarre le nô : je comprends pas pourquoi c'est un enfant qui doit jouer le rôle d'un adulte.

Et pourquoi c'est pas des filles qui jouent le rôle des filles. Elles seraient meilleures, c'est sûr. Parce que la voix grave du maître, on n'y croit pas quand il fait l'amoureuse qui pleure.

Et puis il y a autre chose de vraiment bizarre : c'est la façon dont on parle dans la pièce. On comprend rien. C'est pire que le patois de mon arrière grand-mère de la campagne. Avec les copains parfois, on s'entraîne à parler comme les gansters ou comme dans les téléfilms du passé. Mais là, même maman m'a dit qu'elle ne comprenait pas et le maître a été de obligé de tout m'expliquer le langage ancien et même après je n'ai pas tout compris. Alors j'ai appris par cœur les sons, comme une chanson en anglais.

J'ai pas osé le dire tout ça. Je me demande si les adultes le disent entre eux.

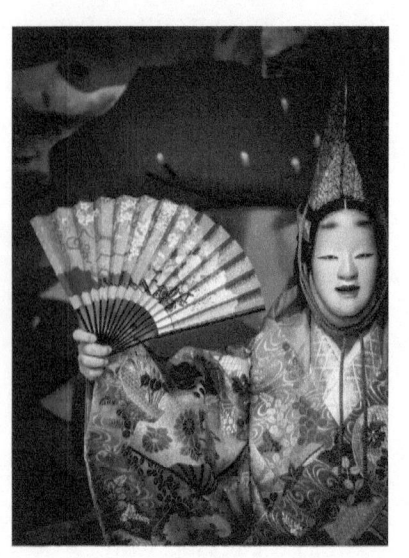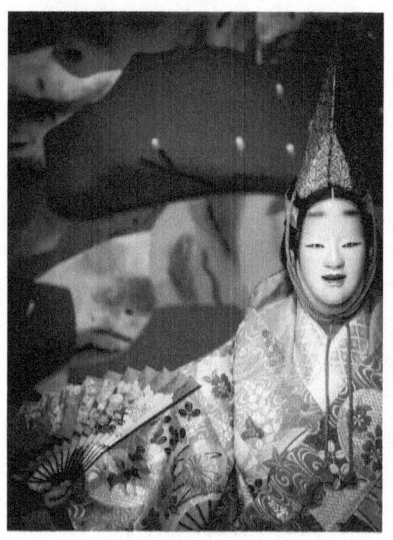

À la fin, Shizuka danse et récite
un autre poème qui prie Kannon
pour que je revienne sain et sauf
et qu'on soit enfin ensemble

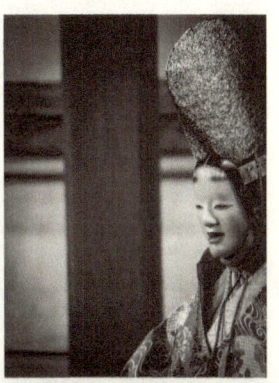

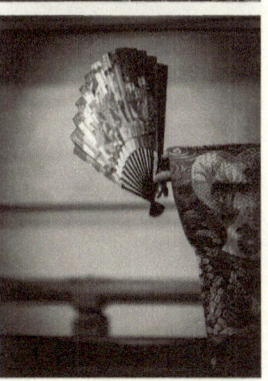

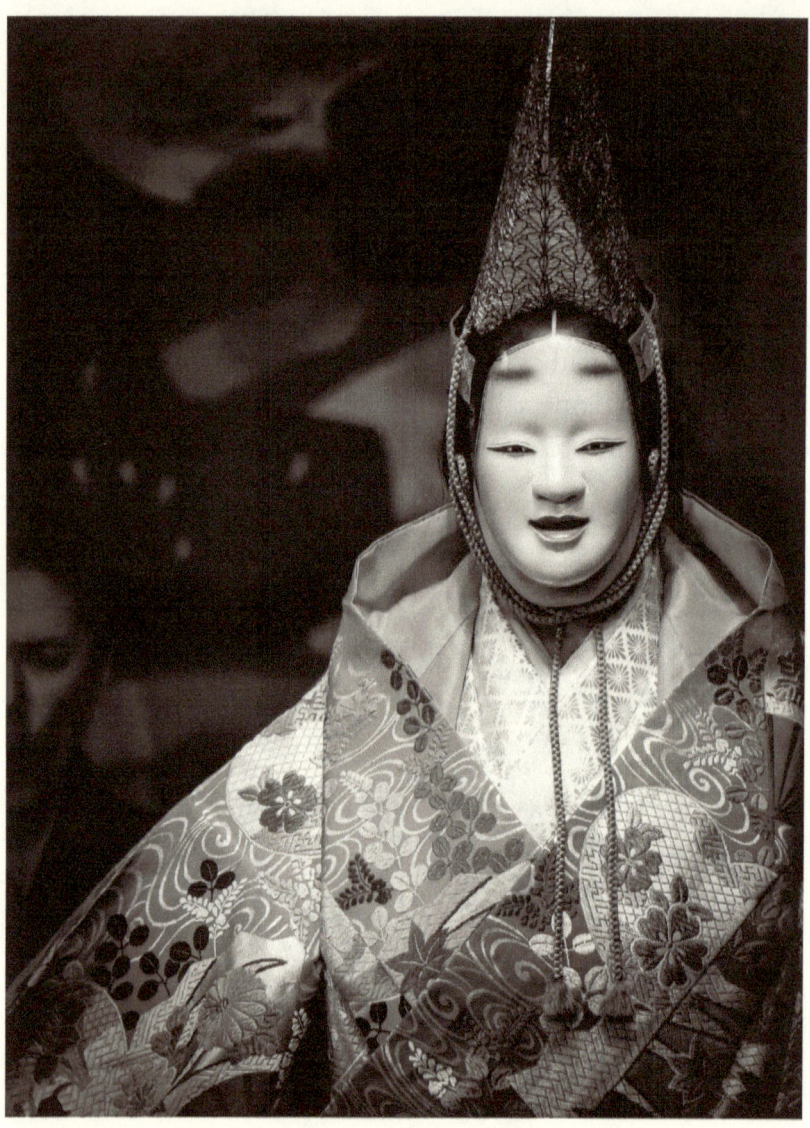

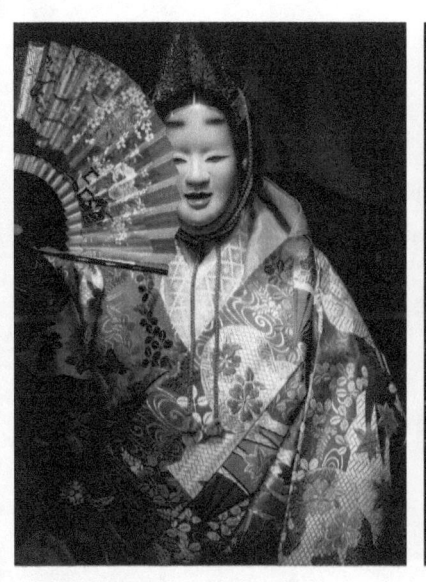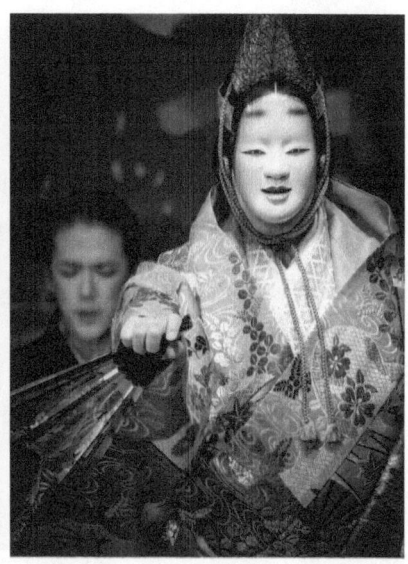

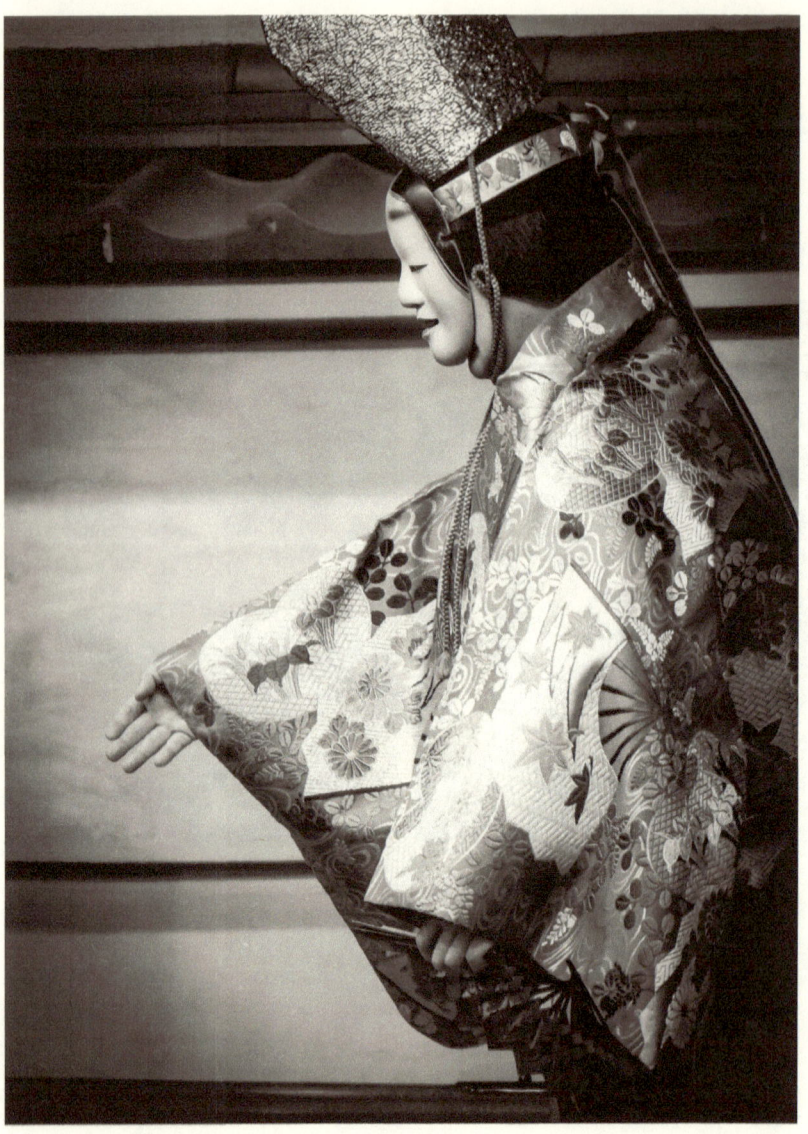

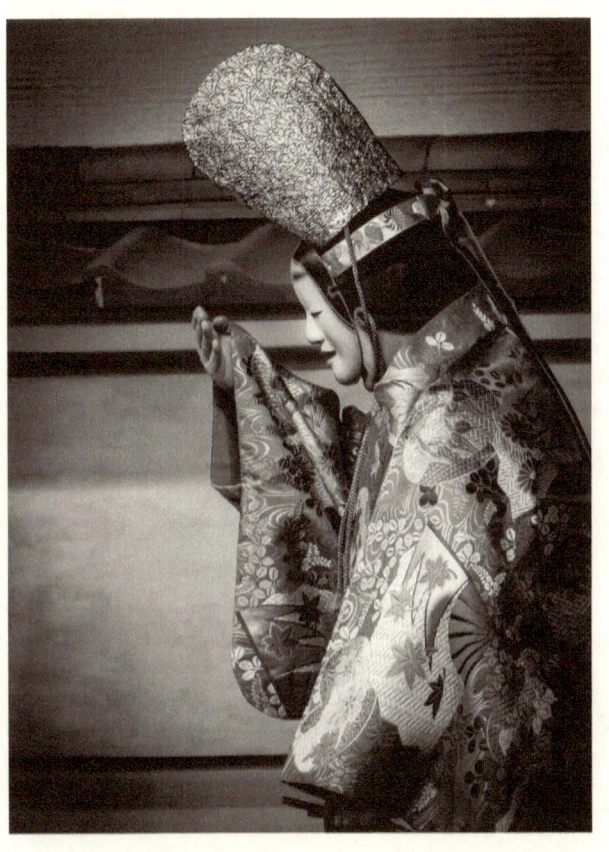

Et puis, elle pleure, elle pleure et puis elle s'en va

Là encore c'est très bizarre cette histoire. Pendant la moitié de la pièce, on ne parle que de Shizuka avec son kimono super beau et puis après hop, elle disparaît et mon maître devient quelqu'un d'autre sans rapport. C'est comme s'il y avait deux épisodes dans un même épisode avec le même acteur qui joue les deux rôles. Heureusement qu'il porte un masque en bois pour pas qu'on le reconnaisse. C'est peut-être une question d'argent : ils ne peuvent peut-être pas payer deux acteurs ?

Maman m'a dit que c'était plus compliqué parce qu'en fait, dans le nô, les shite comme mon maître, ceux qui portent les masques et qui dansent, et bien c'est eux qui doivent en plus tout organiser, réserver et payer tout le monde :

- le flûtiste qui joue une musique qui ressemble pas à de la musique mais il paraît qu'il n'invente rien et que tout est écrit et tout le monde a tout mémorisé par cœur.

- les tambours qui poussent des cris rigolos comme des loups.
- les chœurs qui chantent si fort et profond qu'on croirait qu'ils sont au moins deux fois plus nombreux.
- les waki qui ne portent pas de masque et qui entrent en premier sur scène et restent assis super longtemps sur un genou.
- les kyogen qui font des blagues et qui racontent toujours une longue histoire entre les deux parties d'une pièce que personne n'écoute mais qui sert à meubler pendant que le shite change de costume
- les koken, les aides qui sont là pour changer les vêtements, pour souffler quand on oublie ou bien pour remplacer si quelqu'un ne pouvait plus continuer. J'aimerais bien avoir un koken pour les tests à l'école.

Et puis le shite doit aussi louer les costumes et la scène et payer ensuite les photos et la vidéo. Encore heureux qu'au nô il n'y a pas de décor !

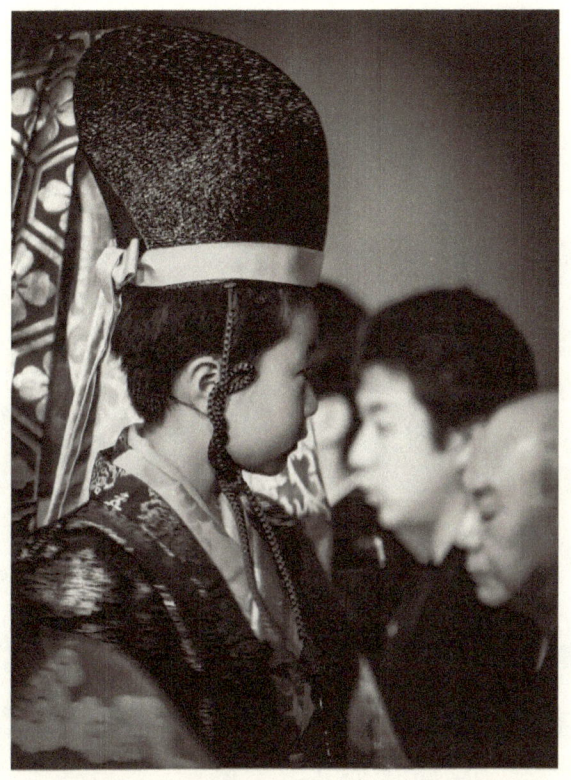

Ça coûte si cher que le plus souvent, au lieu de recevoir de l'argent pour tout leur travail, et bien ils utilisent leurs économies et ils ne peuvent pas en faire autant qu'ils aimeraient. Ils doivent vraiment aimer le nô pour se sacrifier comme ça !

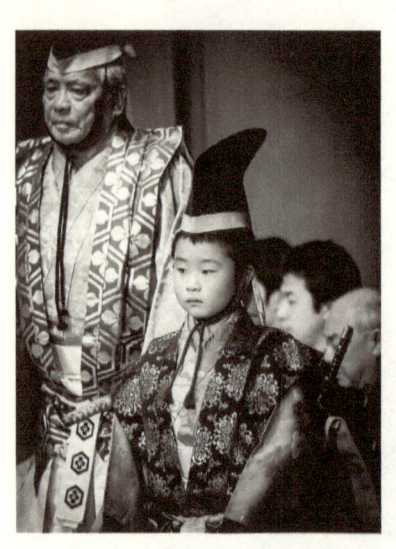
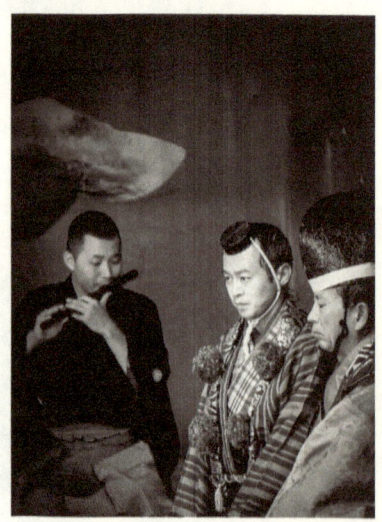

Alors que tout le monde est prêt à partir, j'envoie un de mes soldats dire à Benkei que comme il pourrait y avoir une tempête aujourd'hui, il vaudrait mieux reporter le départ.

En fait, c'est vrai, Yoshitsune n'a pas envie de quitter Shizuka. Papa dit que c'est parce qu'il veut lui faire des bisous. Maman a répondu : pas du tout, c'est parce qu'il l'aime et veut rester le plus longtemps auprès d'elle.

Moi, je suis d'accord avec Benkei : lors de la bataille finale dans les bateaux contre les Taira, il y avait bien aussi une tempête et il l'a gagnée donc la vraie raison de Yoshitsune, c'est pas la météo. Je n'aime pas trop que le super guerrier courageux hésite comme ça.

C'est pour ça que je suis content quand Yoshitsune se décide enfin, et monte dans le bateau.

Dans le salon pour répéter, avec deux chaises et deux balais je me suis fabriqué une barque comme celle d'aujourd'hui. Maman m'a disputé parce qu'elle n'aime pas quand je joue avec les balais.

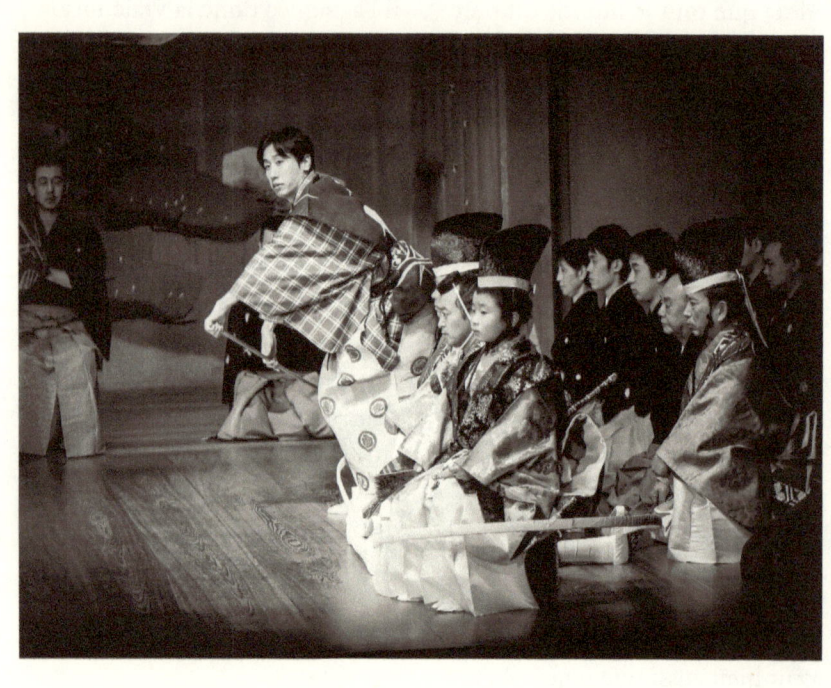

Le kyogen est entré. Les kyogen, contrairement à tout le monde, ils ont des chaussettes jaunes. J'aime bien les kimonos des kyogen : leurs couleurs et leurs dessins. Sauf quand ils ont un gros navet dans le dos. J'aime pas le navet.

Là, le kyogen joue le rôle de celui qui va conduire la barque en ramant à l'arrière. Il dit à Benkei qu'il a vu Shizuka pleurer et que lui aussi ça lui a fait couler des larmes. Benkei dit que lui aussi et que cette histoire est vraiment injuste. Je me demande si cette première partie a été écrite pour les filles parce que je trouve que ça ressemble aux téléfilms que regardent maman et où tout le monde pleure. Heureusement qu'il y a la seconde partie avec de l'action et du combat !

Le kyogen, il ressemble à un voisin qui est taxi et qui aime toujours parler fort et de n'importe quoi : il parle toujours de la météo et qu'il voudrait devenir plus riche. Et bien là, c'est pareil. Le kyogen dit à Benkei qu'on a de la chance que le temps soit bon, que tout va bien se passer, et que quand Yoshitsune reviendra à la capitale, s'il pouvait le nommer chef des bateaux pour l'Ouest, ce serait vraiment gentil et qu'il faudrait pas l'oublier. Il n'est pas très poli ce conducteur de bateau.

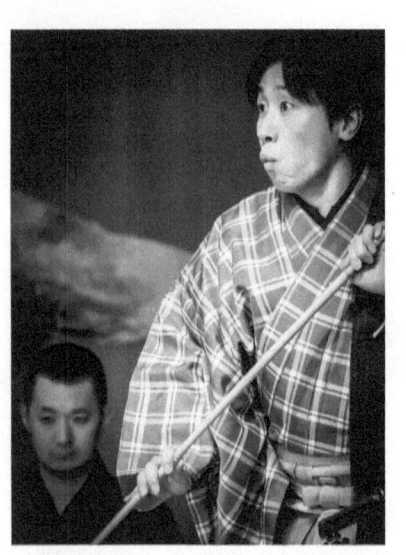
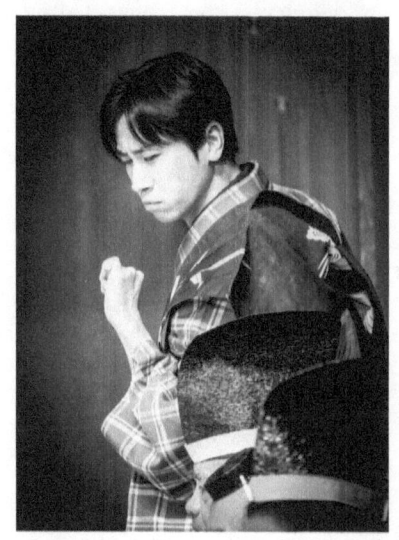

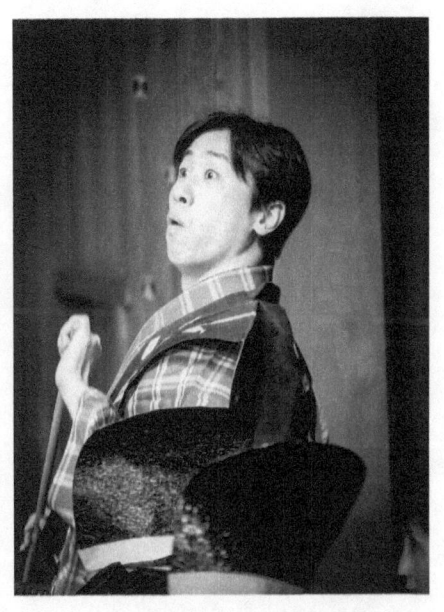

Et puis tout à coup je change d'avis car la mer change. Les vents deviennent très forts et les vagues très hautes. Le kyogen commence à dire qu'il a peur et qu'on ferait mieux de prier. Et on voit bien qu'il fait de son mieux pour guider notre petit bateau et ce doit être très difficile dans des grandes vagues. Le kyogen, juste en bougeant avec son corps, il arrive vraiment bien à faire la tempête. A la maison, je ne suis pas arrivé à faire aussi bien que lui.

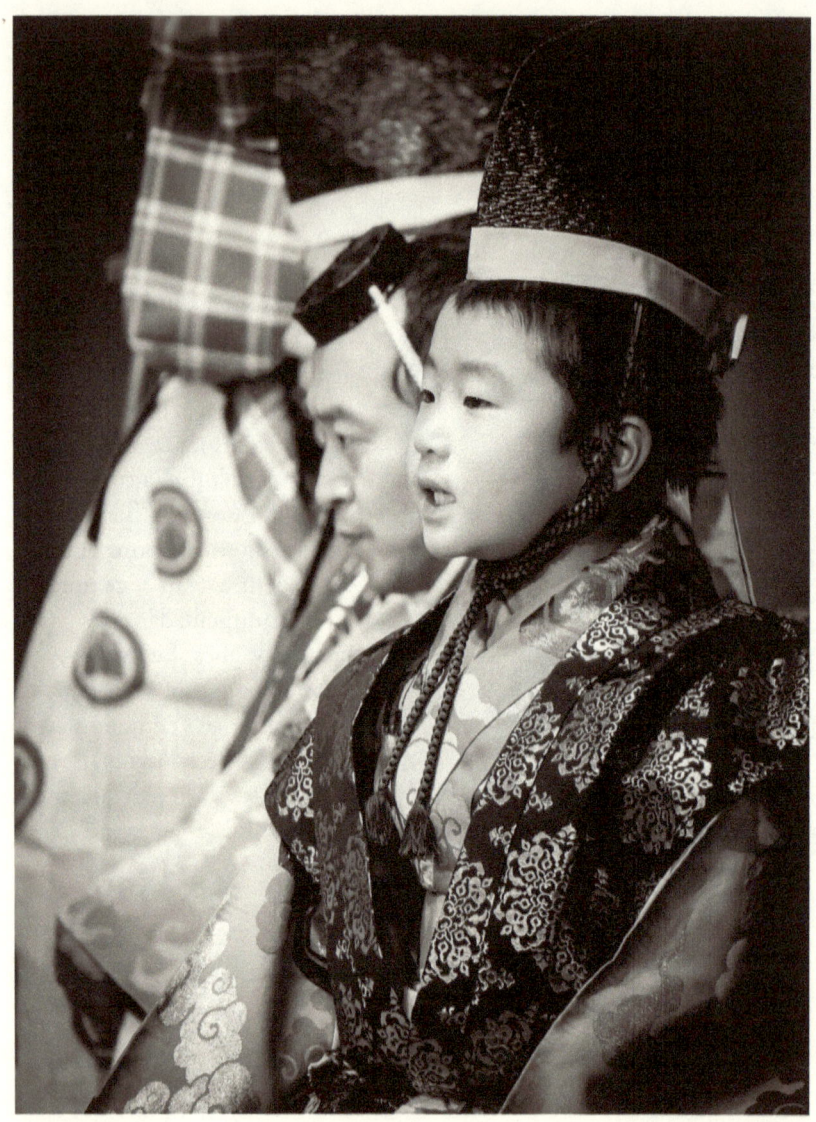

L'un de nos samurais dit qu'on est peut-être suivi par des fantômes. Benkei et le batelier le font taire car ça porte malheur de dire cela sur un bateau. Pourtant il a raison. Tous les soldats du clan Taira qui sont morts en mer lors de la bataille finale viennent pour se venger.

Alors avec ma voix la plus forte pour que même les spectateurs du deuxième étage puissent m'entendre, je dis que nous n'avons pas à avoir peur car si les Taira sont morts, c'était de leur faute et ils n'auraient pas dû se comporter comme ils l'ont fait.

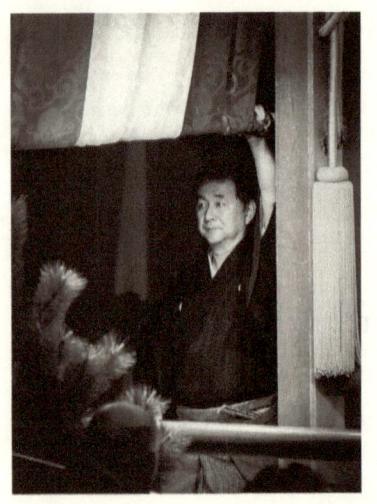

À ce moment là, mon maître arrive dans son nouveau costume. On dirait un démon et il a une grande hallebarde. Son masque fait vraiment peur et j'aimerais pas faire un cauchemar avec lui dedans.

C'est le fantôme de Tomomori, le chef des ennemis de la dernière bataille et il vient pour se venger et pour que Yoshitsune se noie comme lui.

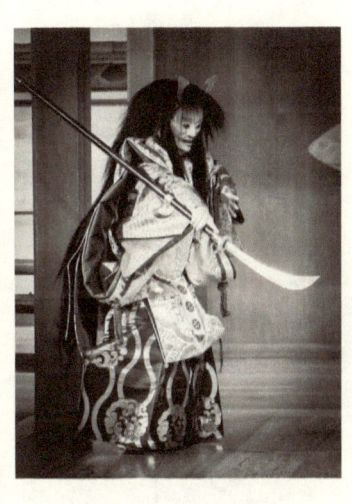
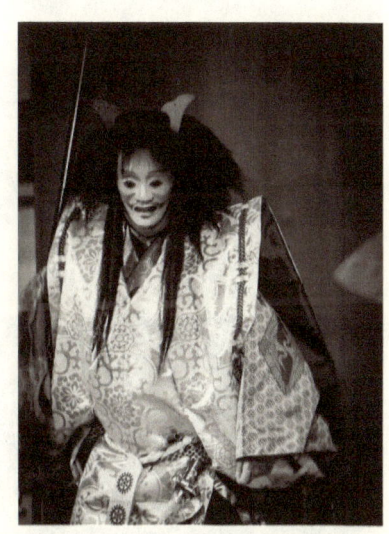

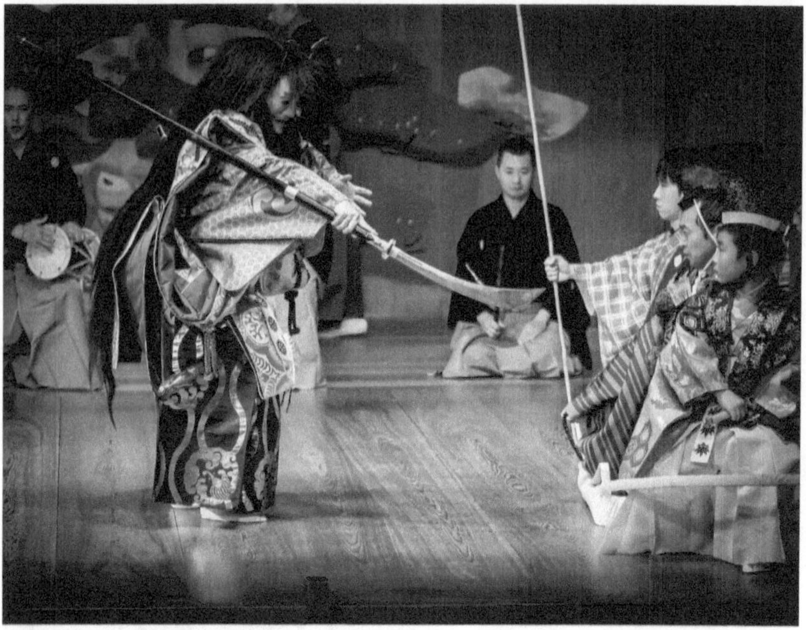

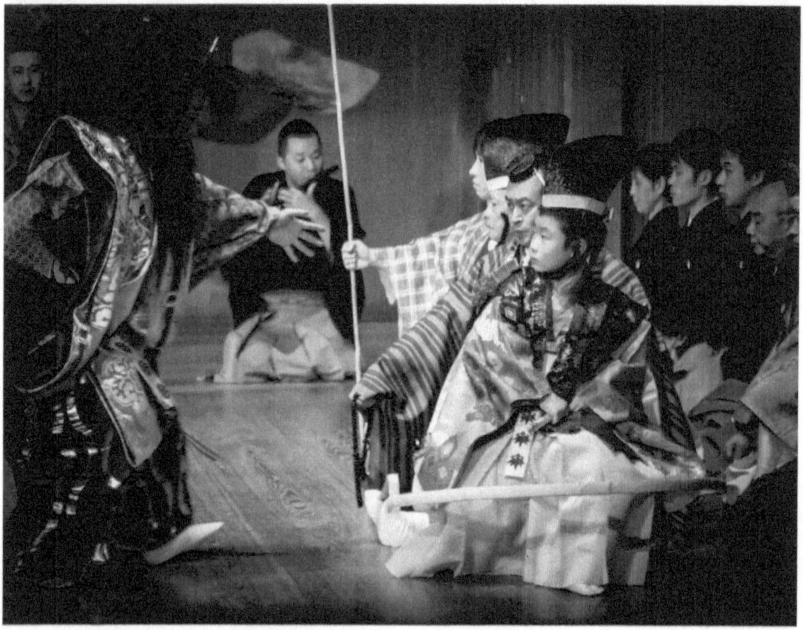

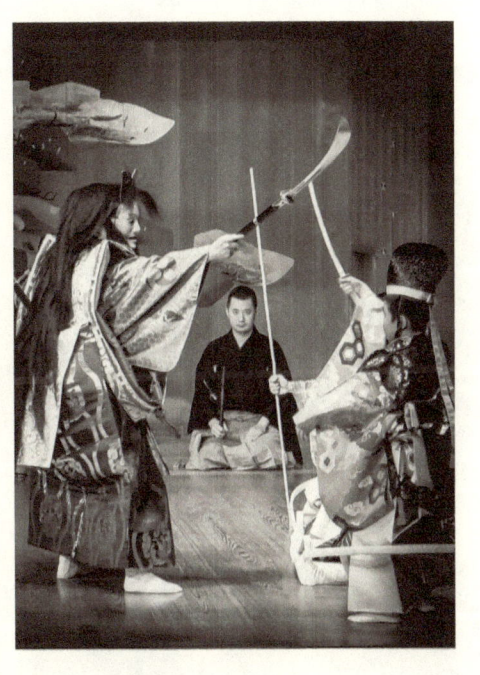

Alors je dégaine
mon sabre pour me
battre contre lui car
je n'ai pas peur.

Mais Benkei me dit que contre un fantôme, les armes, ça ne marche pas
et qu'il vaut mieux combattre avec des prières

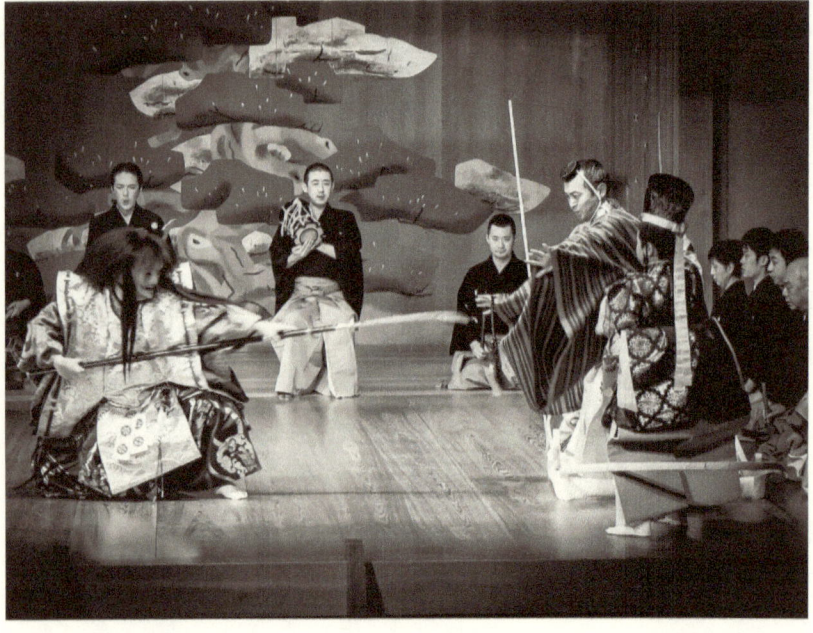

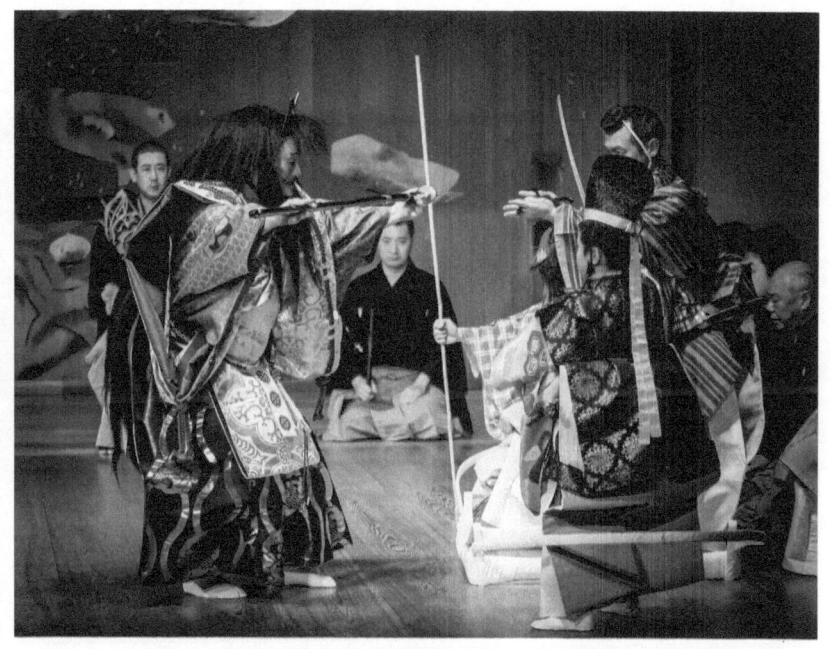

Comme c'est un moine qui est très fort avec les prières, il en récite une qui ressemble à une formule magique en faisant un joli bruit avec les perles de son chapelet

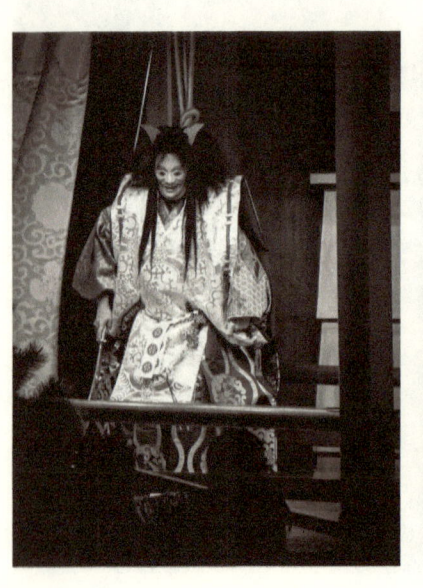
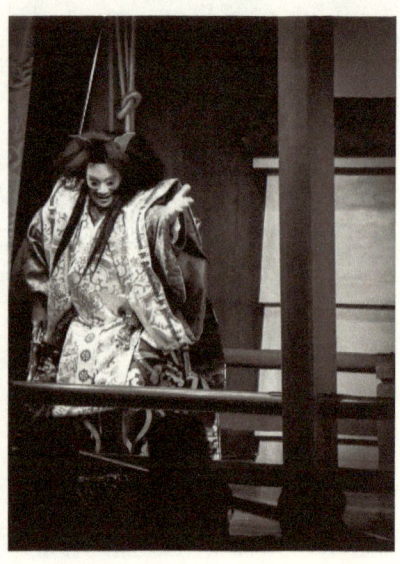

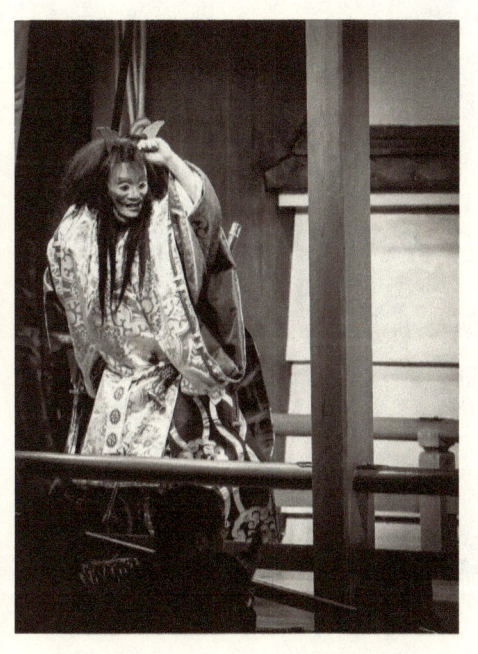

Le fantôme essaie de battre contre la prière mais elle est trop forte alors il disparaît.

C'est fort quand même les prières !

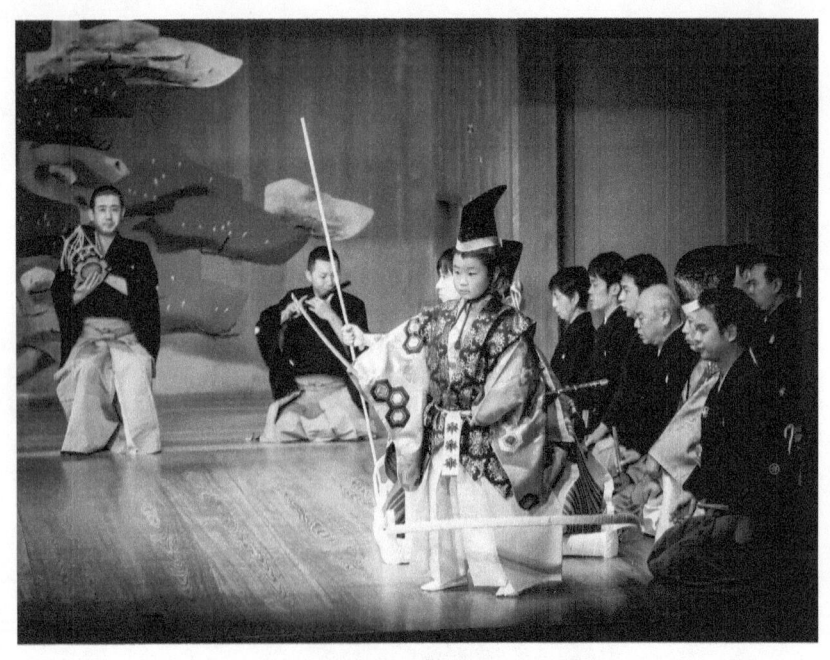

On a gagné

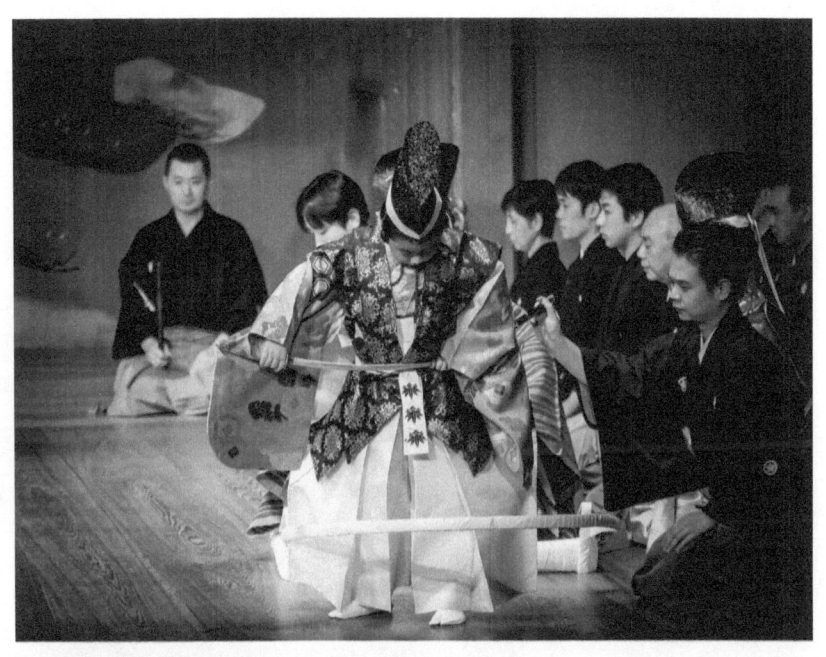

Je rengaine mon sabre.
La tempête s'est calmée, nous pouvons
rejoindre la terre. Tout est fini.

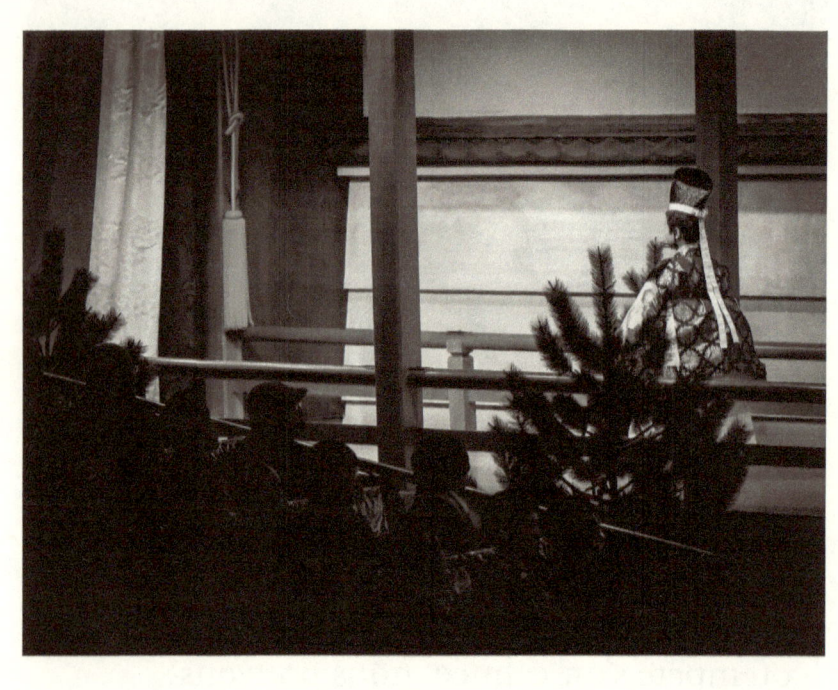

Je sors de scène sous les applaudissements qui commencent uniquement quand j'approche du beau rideau aux cinq couleurs qui se lève comme par magie

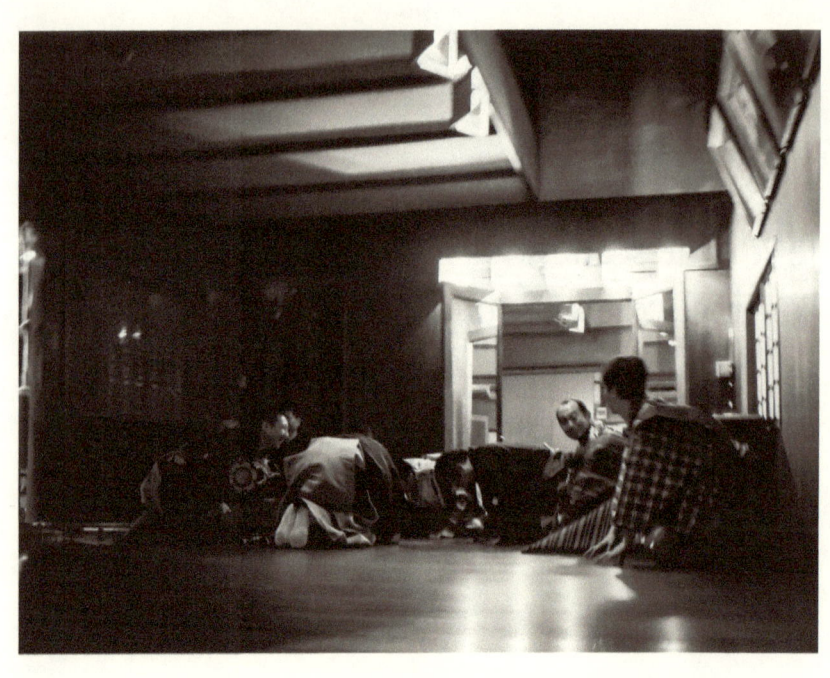

LE JOUR DU SPECTACLE
C'est fini

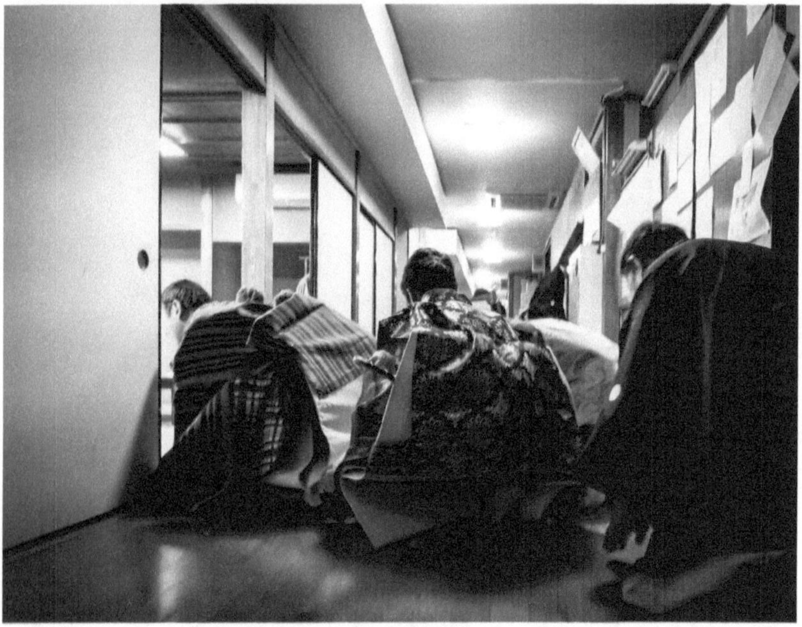

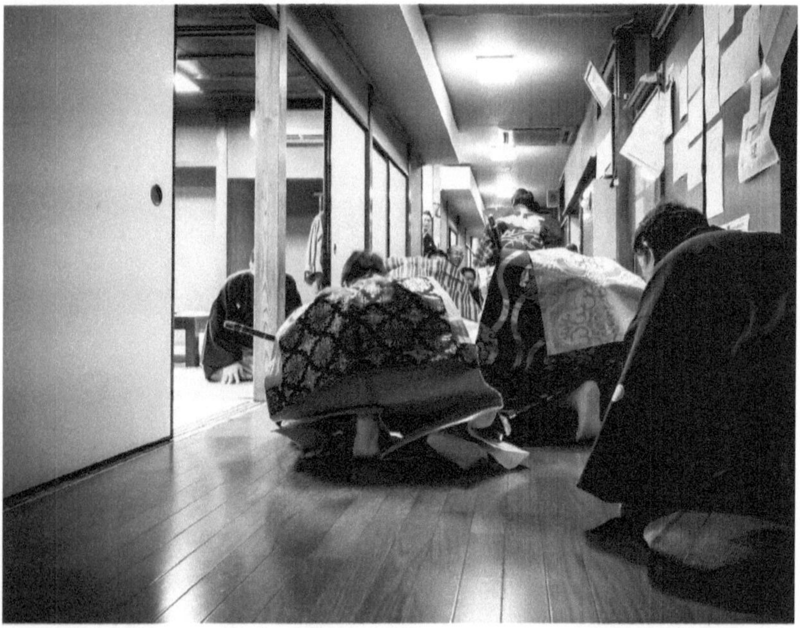

Dans la salle du miroir et dans le grand couloir des loges tout le monde se salue comme des seigneurs en se remerciant.

Tout le monde est heureux, comme tout léger.

Je suis fier et content de ne pas avoir fait d'erreur, d'avoir bien prononcé mes répliques et de ne pas avoir fait tomber mon sabre pendant la bataille.

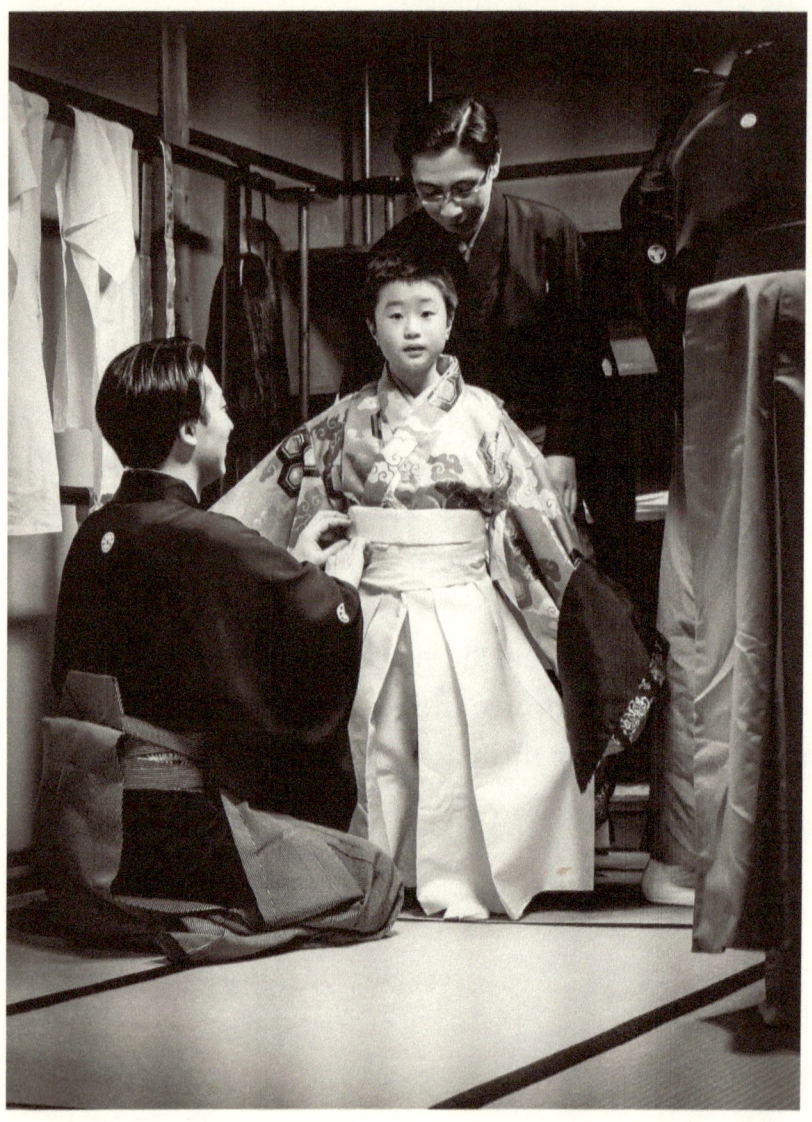

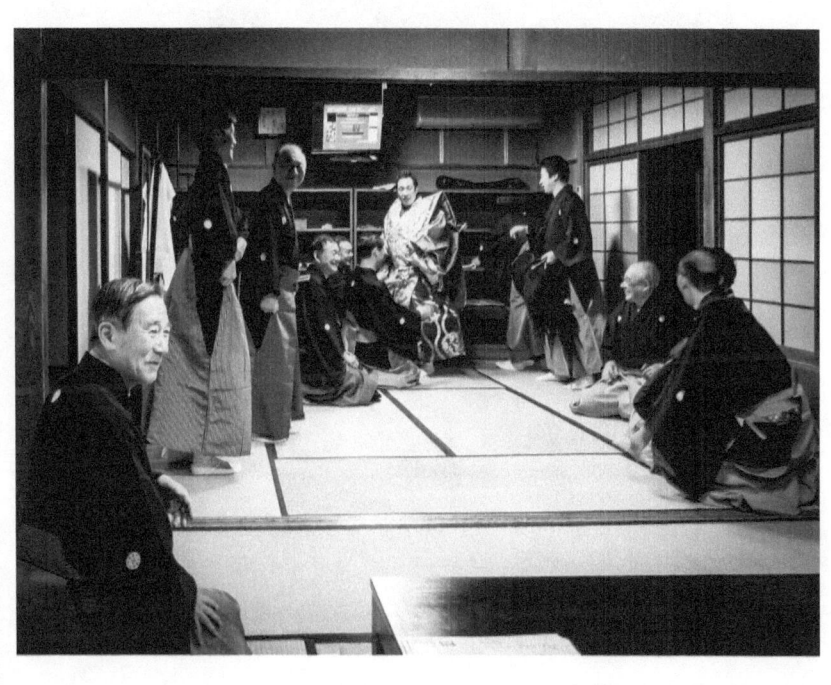

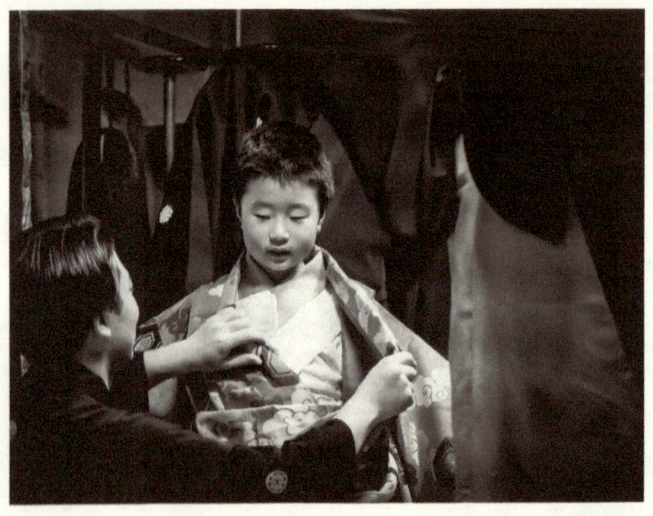

Pendant qu'on me déshabille, je me dis que c'est quand même triste d'avoir répété autant pour ne jouer la pièce qu'une seule fois. Mais il paraît que le nô c'est cela : l'émotion d'un seul instant.
Que c'est précieux pour cela. Je me sens plus grand.

Les copains ne pourraient pas comprendre ce que je ressens.

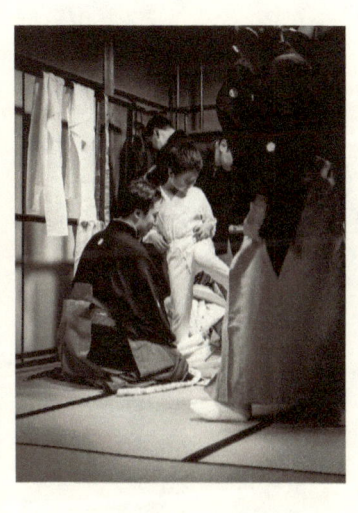

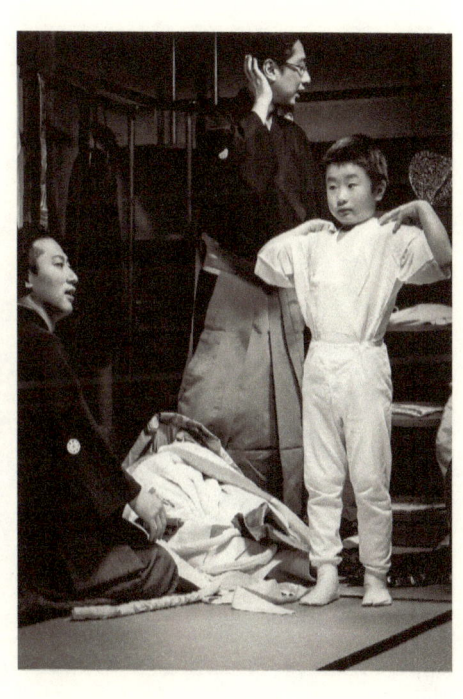

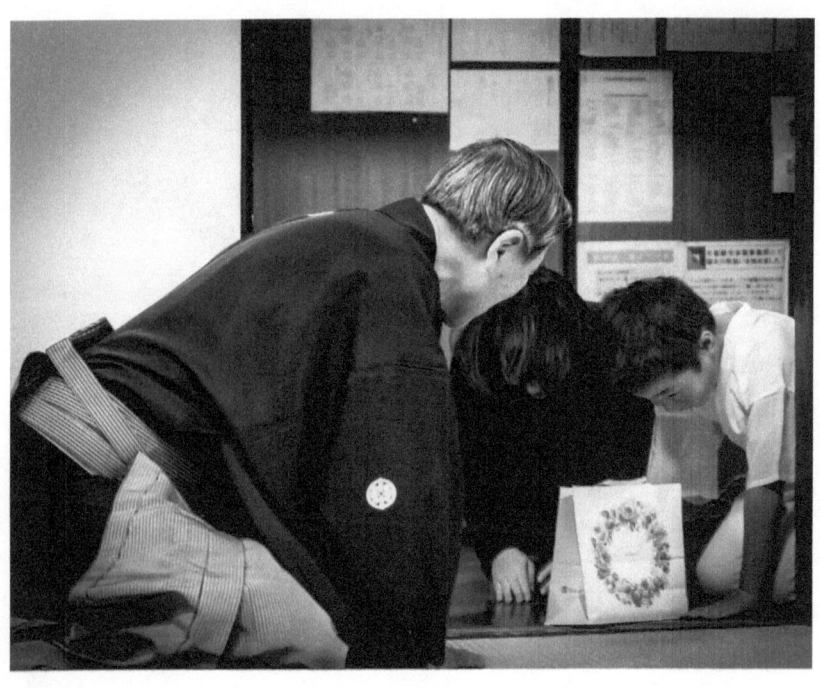

Le maître de mon maître me salue en m'offrant un sac avec un cadeau.

Avec Maman, je le salue en retour.

Et puis je rejoins la salle où se trouvent les derniers spectateurs qui sortent.

Eux aussi ont l'air léger. Comme s'ils avaient le cœur lavé : ils sourient.

Si seulement tout le monde pouvait venir souvent au nô !

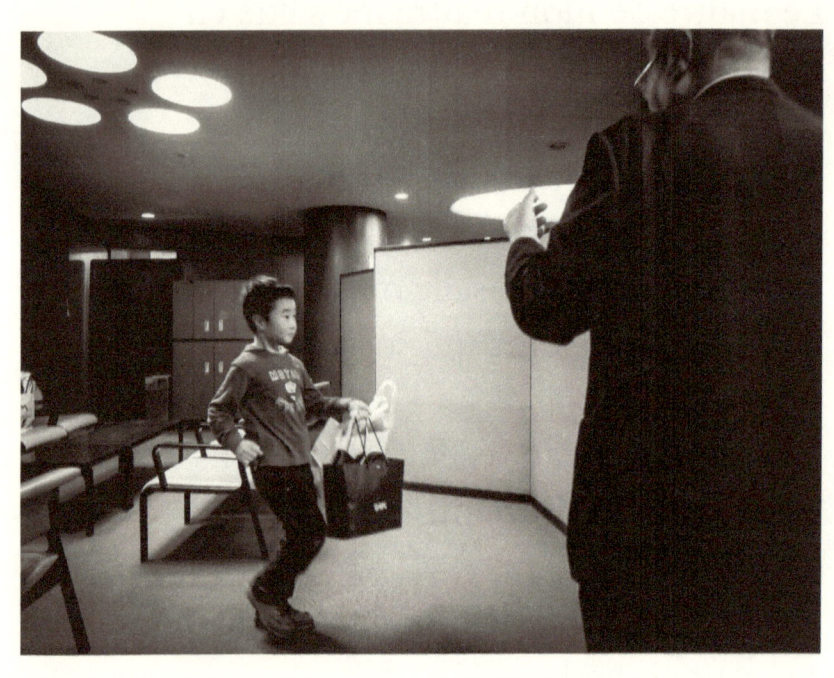

Remerciements

Funabenkei, Hayashi Teiki Nô du 8 décembre 2013, Kyôto Kanze Kaikan

松野 浩行	Matsuno Hiroyuki	Shite
上木 陽介	Ueki Yosuke	Kokata
上木 佐和	Ueki Sawa	Maman
林 喜右衛門	Hayashi Kiemon	Maître du maître
樹下 千慧	Juge Chisato	Apprenti shite
河村 浩太郎	Kawamura Kôtarô	Jiuta
河村 晴道	Kawamura Harumichi	Shite
茂山 茂	Shigeyama Shigeru	Kyogen
林 宗一郎	Hayashi Sô-ichirô	Jiuta
田中 義人	Tanaka Yoshito	Jiuta
味方 團	Mikata Madoka	Jiuta
河村 晴久	Kawamura Haruhisa	Koken
河村 和貴	Kawamura Kazutaka	Koken
斉藤 敦	Saitô Atsushi	Flute
曽和 尚靖	Sowa Naoyasu	Kotsutsumi
河村 大	Kawamura Masaru	Otsutsumi
中田 弘美	Nakata Hiromi	Taiko
江崎 敬三	Ezaki Keizô	Waki
和田 英基	Wada Hideki	Waki tsure
松本 義昭	Matsumoto Yoshiaki	Waki tsure
國永 典子	Kuninaga Noriko	Jiuta
田茂井 廣道	Tamoi Hiromichi	Jiuta

田茂井 廣和	Tamoi Hirokazu	Jiuta
大江 信行	Ôe Nobuyuki	Jiuta
津々見 純	Tsutsumi Jun	Traduction anglaise
中村 知古	Nakamura Tomoko	Traduction japonaise
矢野 美穂	Yano Miho	Traduction japonaise